생태적 글쓰기를 하는 마음

생태적 글쓰기를 하는 마음

정윤희 지음

나와 세상을 연결하고 공감력을 키우는 글쓰기로
우리 삶을 회복하기

책문화생태학자 정윤희의 오늘도 내일도,
사람을 살리는 생태적 글쓰기 수업

PARK&JEONG

프롤로그

연대와 공감의 생태적 글쓰기

생태적으로 생각하고 글쓰기를 한다는 것

　글쓰기는 인간의 본능적인 활동이다. 나를 표현하고자 하는 힘의 근원이 글쓰기를 하게 만든다. 글쓰기는 나 자신, 가족, 사회, 세계 등 다양한 관계들과 소통하는 수단이기에 글쓰기는 여러모로 쓸모 있는 활동이다.
　서점에 나가면 글쓰기 관련 책들이 많이 출간됐다. 글쓰기 비법을 알려주는 책들이 즐비하다. 그만큼 사람들이 글쓰기에 대해서 관심이 높다는 것을 보여준다. 글쓰기 책들은 주로 글쓰기 방법에 관한 책들이다. 글쓰기 방법론을 제시하는 글쓰기 관련 책을 읽으면서 글쓰기에 대한 본질적인 고민과 이해가 우선해야 한다는 생각에 이르렀다.

    글쓰기의 기억을 떠올려 본다. 글쓰기는 오래된 우정을 나눈 친구 사이다. 초등학교 때 백일장이라는 행사가 있었다. 학생들이 야외에 나가서 자연을 벗삼아 글쓰기를 하거나 그림을 그리는 활동을 했다. 글쓰기의 목적이 대학 입시를 위해서가 아닌 나의 존재를 확인하는 과정으로서 글쓰기였다.
    중학교 때 과학의날을 앞두고 전교생을 대상으로 과학도서 독후감 대회가 열렸다. 나는 그때 지구와 우주 관련한 책으로 독후감을 썼는데 전교 1등이라는 영예를 얻었다. 세상에 태어나 글쓰기를 통해 처음으로 평가를 받았던 경험이다. 선생님이 서평을 어떻게 쓰라고 알려준 적이 없었고, 책을 읽은 후 나의 생각과 의견을 썼는데 상을 주다니, 글쓰기로 상을 받고 부모님을 기쁘게 해드렸던 기억이 난다.

우리는 왜 글쓰기를 하며 살까. 왜 글쓰기에 관심을 가질까. 글쓰기는 나에게 어떤 의미를 주는가. 이러한 질문은 내가 이십 대 초반부터 책과 잡지를 만드는 일을 하고, 칼럼 등 다양한 글쓰기를 하면서 매번 나의 마음을 두드린 질문이다.

글쓰기를 해오면서 생태적으로 생각하고 글쓰기를 해야 한다는 것에 관심을 가지고 있었다. 개인적으로 '책문화생태계'를 연구하고 관련 책을 내기도 했는데, 생태적 사고는 자연, 기후, 환경에 대한 관심뿐만 아니라 사고의 확장, 생각의 확장을 의미한다.

생태적 사고란 우리가 살고 있는 세계와 현상에 대하여 통합적으로 보고, 유기적인 연결 관계를 살피며, 합리적인 대안을 제시하는 것이다. 근시안적인 관점이 아닌 넓게 보고 크게 봄으로써 나의 존재를 한껏 키우는 힘은 생태적 사고에서 나온다. 글쓰기를 할 때도 이러한 맥락이 이어져야 한다고 본다.

글쓰기는 나의 존재성을 확인하는 활동이다. 내가 살아 숨 쉬는 것을 확인하는 과정이다. 이러한 생명력 있는 글쓰기를 어떻게 해야 할까. 나는 생태적 글쓰기를 통해서 가능하다고 본다. 연대와 공감의 과정으로서 글쓰기는 생명력이 강하다.

생태적 글쓰기의 핵심은 생명 존중

글쓰기를 통해서 내가 잘 성장하고 이웃들에게 도움을 주며 사회에 긍정적인 영향을 주는 것이 생태적 글쓰기의 핵심이다.

주위에 보면 글쓰기의 주된 목적이 남을 비방하거나 죽이려는 사례들이 있다. 남탓을 하거나 비방하는 글을 쓰면서 자신을 셀프 칭찬하는 글을 통해 다른 사람들에게 자신을 부각시키려는 노력을 한다. 이런 사람들은 주로 술을 마시고 글을 썼다고 변명을 하는데 술을 마신다고 이렇게 타인을 비방하는 글을 쓰지 않는다. 글쓰기의 목적과 태도가 처음부터 잘못되었기 때문이다.

생태적 글쓰기가 중요한 이유이다. 생태적 글쓰기의 핵심은 생명 존중이다. 펜은 칼보다 강하다는 말이 있다. 그만큼 글의 힘은 강력하다. 우리는 이러한 글의 힘을 어떻게 쓸 것인가에 대해서 성찰해야 한다.

타인을 죽이기 위해 쓰는 글쓰기는 생명을 죽이는 글쓰기로 잘못된 글쓰기 태도이다. 이러한 글쓰기를 정치에서 많이 볼 수 있다. 상대진영을 공격하기 위해서 발표하는 논평을 보면 글을 쓰는 사람도 글을 읽는 사람에게도 나쁜 기운을 준다. 영혼이 피폐해지는 글쓰기 사례들을 정치권에서 많이 볼 수 있다.

정치는 우리 사회에 영향을 많이 수기 때문에 정당의 논평은 매우 중요한 글쓰기이다. 우리 국민들이 느끼는 논평은 과연 글쓰기로서 충분한 가치를 지녔는가를 성찰해 볼 필요가 있으며, 보다 품격 있는 글쓰기 모범을 보여줘야 한다.

책의 구성

이 책은 크게 3부로 구성되어 있다. 1부 '생태적 글쓰기'라는 주제로 저자로서 글쓰기 관점을 제시했다. 생태사상을 바탕으로 한 글쓰기, 생태적 글쓰기의 의미, 생태적 글쓰기가 중요한 이유, 생태적 글쓰기를 돕는 도서관, 우리 삶을 변화시키는 생태적 글쓰기에 대해서 서술하였다.

2부는 '좋은 글쓰기란 무엇인가'라는 주제로, 좋은 글쓰기에 대한 사유, 글쓰기를 위한 태도를 제시했다. 좋은 글이란 어떤 글인가, 좋은 글이란 사람을 살리는 글이다, 우리가 글을 쓰는 이유, 기록과 글쓰기, 우리 삶에서 글쓰기가 중요한 이유, 글쓰기를 하는 마음, 나는 왜 쓰는가, 글쓰기를 위한 태도, 글쓰기와 독서는 연결되어 있다, 글쓰기 일상을 위한 실천, 생태적 글쓰기는 사회적 글쓰기다, 글쓰기를 할 때 비판적 관점이 필요한 이유, 사회에 긍정적인 영향을 주는 글쓰기, 글쓰기로 마음의 상처를 치유하기, 인공지능 시대의 글쓰기에 대하여 생각을 담았다.

3부는 '글쓰기와 출판'이라는 주제로 글쓰기 방법론에 대해서 다루었다. 글쓰기를 위한 구성력 기르기, 자기서사쓰기와 자서전 쓰기, 좋은 글쓰기는 문장력에 있다, 나로 출발하는 글쓰기, 하루에 한 문장씩, 글쓰기를 잘하기 위한 습관, 초고쓰기부터 퇴고하기까지, 문화콘텐츠 시대의 글쓰기, 책 출판하기를 담았다.

이제는 생태적 글쓰기를 하는 마음이 필요하다. 생태계의 본질은 강자가 약자를 잡아먹는 양육강식이 아니다. 생태계 안에 살아가는 모든 생명체들이 상호 존중을 통하여 함께 더불어 살아가는 건강한 공동체를 만들어가는 시스템이다. 인간도 자연의 한 존재로 살고 있다. 동물의 왕국이라는 프로그램을 보면 자연과 동물들이 인간보다 더 지혜롭다는 것을 알 수 있다. 자연의 생명체는 각각의 역할이 있다. 제 역할에 충실하면서 생태계를 존속시킨다. 인간은 탐욕, 욕망에 이끌려 자연과 생명을 파괴하는 일을 서슴치 않는다. 이제는 우리에게 생태적 사고가 필요하다. 인간의 정신적 활동으로서 글쓰기를 하는 마음으로 생태적 사고는 더 중요하다. 다름을 인정하고 타인을 존중하고 공동체 복원을 위해 정의를 실현해 나가는 것이다. 이러한 글쓰기는 모두를 위한 민주주의를 실천하는 과정이기도 하다.

    우리는 글쓰기를 함으로써 자아 발전은 물론 사회에 긍정적인 영향과 변화를 주고 역사를 진일보하는 데 기여한다. 오늘의 글쓰기가 내일의 미래로 이어지고 생명력 있기 위해서 생태적 글쓰기를 그 대안으로 제시해 본다. 글쓰기 앞에서 겸손한 마음을 가지면서.

2023년 봄
저자 정윤희

목
차

프롤로그 005

| 1부 |
우리 삶을 변화시키는 생태적 글쓰기

생태사상을 바탕으로 한 글쓰기 017 / 생태적 글쓰기의 의미 022 / 생태적 글쓰기가 중요한 이유 026 / 생태적 글쓰기를 돕는 도서관 029 / 우리 삶을 변화시키는 생태적 글쓰기 032

| 2부 |

좋은 글이란 사람을 살리는 글이다

좋은 글이란 어떤 글인가 **039** / 좋은 글이란 사람을 살리는 글이다 **042** / 우리가 글을 쓰는 이유 **045** / 기록과 글쓰기 **049** / 우리 삶에서 글쓰기가 중요한 이유 **052** / 글쓰기를 하는 마음 **056** / 나는 왜 쓰는가 **060** / 글쓰기를 위한 태도 **066** / 글쓰기와 독서는 연결되어 있다 **069** / 글쓰기 일상을 위한 실천 **075** / 생태적 글쓰기는 사회적 글쓰다 **079** / 글쓰기를 할 때 비판적 관점이 필요한 이유 **083** / 사회에 긍정적인 영향을 주는 글쓰기 **086** / 글쓰기로 마음의 상처를 치유하기 **089** / 인공지능 시대의 글쓰기 **092**

| 3부 |
글쓰기와 출판

글쓰기를 위한 구성력 기르기 **099** / 자기서사쓰기와 자서전 쓰기 **104** / 좋은 글쓰기는 문장력에 있다 **108** / 나로 출발하는 글쓰기 **112** / 하루에 한 문장씩 **116** / 글쓰기를 잘하기 위한 습관 **118** / 초고쓰기부터 퇴고하기까지 **121** / 문화콘텐츠 시대의 글쓰기 **124** / 책 출판하기 **127**

에필로그 **135**

1부

우리 삶을 변화시키는
생태적 글쓰기

생태사상을
바탕으로 한 글쓰기

최근 기후환경으로 생태학, 생태주의, 생태사상이 주목을 받고 있다. 생태학은 인간과 자연의 상호작용과 관계를 이해하고 탐구하는 학문이다. 생태사상은 환경과 자연에 대한 인식과 관점을 기반으로 한 철학적인 사고 방식이다. 우리가 살고 있는 세상에서 환경문제와 지속가능성에 대한 인식과 대응 방식을 제시하며, 자연을 존중하고 보호하는 데 중점을 둔다.

생태사상은 다양한 학문 분야와 연결되어 발전하고 영향을 주고 있다. 예를 들면 생태학, 환경철학, 환경윤리학, 생태경제학, 환경정치학, 미디어생태학 등이다. 생태사상은 인간과 자연의 상호의존성과 상호연결성을 강조하며, 인간의 행동과 가치관이 환경과 생태계에 미치는 영향을 인식하고 대안적인 방향을 모색한다.

그동안 인간 사회는 인간 중심적인 세계관으로 흘러왔지만 앞으로는 인간 중심적인 사고에서 벗어나 환경문제를 해결하고, 지속가능성을 위한 방안을 제시해야 한다. 이는 자연과 환경을 단순한 자원이 아닌 생명체계로서 가치와 존엄성을 인정하고, 생태계의 복잡성과 다양성을 이해하려는 시도이다. 우리는 생태사상의 관점을 통하여 인간의 욕구 충족과 환경의 보존 사이의 균형을 찾기 위해 개인적, 사회적, 정치적 차원에서 다양한 대안과 해결책을 모색해야 한다.

생태사상은 지속가능한 개발과 경제 모델, 자원 이용과 보호, 환경 정의와 사회 정의의 상호작용에 대한 이해를 강조한다. 인간과 자연의 상호작용에서 생태적 평형과 조화를 추구하고, 지구 생태계의 보존과 회복을 위해 노력해야 한다. 이는 인간과 자연 사이의 균형과 상호존중, 지속가능한 사회와 환경을 추구하는 데 기여하는 철학적인 사고체계이다. 이처럼 생태사상은 환경문제와 지속가능성에 대한 인식을 개선하고, 새로운 가치와 행동의 방향을 제시하는 데 중요한 역할을 한다.

　　생태사상을 기반으로 한 글쓰기는 인식의 변화, 정보와 교육, 감정과 공감, 영감과 변화, 영향력과 사회변화 측면에서 관련성을 갖는다.

　　첫째, 인식 변화인데 생태사상은 환경문제와 지속가능성에 대한 인식을 개선할 뿐만 아니라 새로운 관점과 인식을 제시한다. 글쓰기는 이러한 인식과 인식 변화를 전달하고 확산시키는 역할을 한다. 생태사상에 기반한 글쓰기는 독자들에게 환경문제와 지속가능성에 대한 인식을 제고시키고, 개인과 사회 차원에서의 변화와 대안을 고려하도록 유도한다.

　　둘째, 정보와 교육 차원에서 생태사상은 환경문제와 생태계에 대한 지식과 정보를 기록하고 공감하는데 중요한 역할을 한다. 글쓰기는 환경문제와 관련된 정보와 교육을 전달하는 수단으로 활용된다. 생태학적 지식이나 환경문제에 대한 연구결과를 글로 전달하고 설명함으로써 독자들의 이해를 돕고 지식을 공유하는 역할을 한다.

셋째, 감정과 공감이다. 생태사상은 환경문제에 대한 감정적인 공감을 중요시한다. 글쓰기는 독자들에게 감정적인 공감을 일으키고, 자연의 아름다움과 자연환경 위기에 대한 경험과 감정을 전달함으로써 환경문제에 대한 감정적인 연결을 형성한다. 이를 통해 독자들에게 글의 주제와 내용에 대한 개인적인 공감과 이해를 유발할 수 있다.

넷째, 영감과 변화이다. 생태사상은 개인과 사회 차원에서의 변화와 대안을 모색한다. 글쓰기는 독자들에게 영감과 변화를 제공하는 역할을 하며, 생태적인 주제와 관련된 글을 통해 독자들은 새로운 관점과 아이디어를 받아들이고, 개인적인 행동 변화와 사회적인 참여를 위한 동기를 얻을 수 있다.

다섯째, 영향력과 사회 변화이다. 생태사상은 개인과 사회적인 변화를 이끌어내는 데 기여한다. 글쓰기는 사회적인 영향력을 행사할 수 있는 도구이다. 생태사상에 기반한 글쓰기는 사회적인 변화를 위한 의식 개선과 환경문제에 대한 사회적인 대응을 촉진한다. 글을 통해 환경문제의 심각성과 영향을 인식시키고, 사회적인 관심과 행동을 유도하여 실질적인 사회 변화를 이끌어내는 역할을 한다.

    이렇게 생태사상은 글쓰기와 함께 환경문제와 사회변화를 위한 인식 개신과 영감을 제공하는 데 연관성을 가지고 있다. 글을 통해 생태사상을 전달하고 사회적인 영향력을 행사함으로써 환경문제에 대한 인식과 사회적인 변화를 도모할 수 있다.

생태적 글쓰기 의미

생태적 글쓰기는 지엽적인 시각에서 벗어나, 현상을 유기적으로 보고 통합적인 관점에서 대안을 제시하는 글쓰기다. 생태적 글쓰기는 인간과 인간의 관계, 자연과 인간의 관계, 환경 파괴 문제, 지속가능한 생활 방식 등에 대하여 인식을 개선하고, 사람들의 행동과 태도를 변화시키는 데 기여하며, 우리 삶뿐만 아니라 사회를 변화시키는 역할을 한다.

최근 기후위기, 자연환경에 대한 관심을 높아지고 있으며 생태계의 가치와 중요성이 강조되고 있다. 따라서 앞으로 생태적 글쓰기에 대한 사회적 공감이 확산될 것이다. 생태적 글쓰기는 사람들에게 자연과 환경문제에 대한 인식을 높이고 그들이 환경을 존중하고 보호하는 책임을 느끼도록 도울 수 있다. 따라서 생태적 글쓰기는 자연과의 조화, 지속가능성, 자연환경의 미적 가치 등을 사람들과 공감하고 생태적 관점과 시각을 제시해 준다.

생태적 글쓰기의 목표는 생태적 인식을 촉진하고, 지구 생태계와 인간의 상호작용에 대한 이해를 높이는 것이다. 이를 통해 사람들이 환경문제에 대해 더 나은 선택을 할 수 있고, 지속가능한 삶을 살아가는 방법을 모색할 수 있다. 생태적 글쓰기는 환경문제와 생태계의 위기에 대한 경각심을 높이고 사회적 변화를 이끌어내는 데 일조한다.

생태적 글쓰기는 다양한 형식과 장르에서 가능하다. 에세이, 시, 소설, 연구보고서, 기사 등 다양한 글쓰기 형식을 포함한다. 주로 환경문제를 다루는 글이 많겠지만, 인간과 자연의 상호작용, 지역적 특성, 생태적 상황에 따라 다양한 주제와 관점을 다룰 수 있다.

이처럼 생태적 글쓰기는 사람들의 인식과 행동에 긍정적인 변화를 이끌어내며 효과적으로 작용할 수 있다. 생태적 글쓰기의 효과는 모든 사람들에게 일관되게 나타나지는 않을 수 있다. 다양한 인식, 가치관, 문화적 배경을 가진 사람들에게는 서로 다른 반응을 일으킬 수 있기 때문이다.

또한 생태적 글쓰기가 개인적인 인식을 바로 변화시키기에는 한계가 있을 수 있다. 일부 사람들은 이미 생태적 인식을 가지고 있거나 생태적 인식에 대해 무관심할 수 있다. 이러한 사람들에게는 생태적 글쓰기가 완전한 인식 변화를 이끌어내기에는 어려움이 있을 수 있기 때문에 추가적인 교육, 경험 또는 타인과의 대화가 필요할 수 있다.

그렇기 때문에 생태적 글쓰기는 사회적 변화를 이끌어내기까지 시간이 필요하다. 인식 변화와 행동 변화는 개인적인 과정이며, 이를 사회적 변화로 이어지게 하기 위해서는 다양한 요인들이 함께 작용해야 한다. 정책 변화, 교육 시스템의 변화, 사회적 운동 등 다양한 차원에서 노력이 필요하다.

생태적 글쓰기가 항상 모든 독자에게 도달하거나 모든 독자에게 동일한 효과를 가져다주지 않는다. 개별 독자의 관심, 태도, 경험에 따라서 변화의 정도와 속도가 다를 수 있다. 따라서 생태적 글쓰기는 여러 가지 접근 방법과 다양한 매체를 활용하여 다양한 독자들에게 접근하고 영향을 주는 것이 중요하다.

    생태적 글쓰기는 인식 제고, 감정적 연결, 인간 중심적 접근, 영감과 대안 제시를 통해 사회적 변화를 이끌어내는 데 효과적일 수 있지만, 일관된 효과를 보장하지는 않는다. 각 개인의 차이와 사회적 변화의 복잡성을 감안하여 다양한 접근 방법과 노력이 필요하다.

생태적 글쓰기가 중요한 이유

앞에서도 이야기 했지만 생태적 글쓰기는 환경문제와 지속가능성에 대한 인식을 개선하고, 인간과 자연의 상호의존성과 상호연결성을 강조한다. 글쓰기를 통해 환경문제의 복잡성과 심각성을 이해하고, 독자들의 인식에 변화를 일으킬 수 있다.

생태적 글쓰기는 환경문제에 대한 인식 개선, 정보 전달과 교육, 감정 공감과 연결성 형성, 영감과 희망은 생태적 글쓰기의 중요한 측면이다. 생태적 글쓰기는 독자들에게 영감과 희망을 제공하여 긍정적인 변화와 향상을 도모한다.

이러한 영감과 희망은 다음과 같은 방식으로 독자들에게 전달될 수 있다.

첫째, 대안과 해결책 제시다. 생태적 글쓰기는 환경문제에 대한 대안과 해결책을 제시한다. 글을 통해 지속가능한 개발 모델, 자원 이용과 보호 방안, 환경 정의와 사회 정의를 강조함으로써 독자들에게 가능성과 희망을 제공한다.

둘째, 성공 사례와 모범 사례 소개이다. 생태적 글쓰기는 성공적인 사례나 모범 사례를 소개함으로써 독자들에게 영감을 준다. 글을 통해 지속가능한 사회, 환경 보호와 회복, 환경 정의를 실현한 사례들을 소개함으로써 독자들에게 모범이 될 수 있는 사례를 제시한다.

셋째, 자연의 아름다움과 가치를 강조한다. 생태적 글쓰기는 자연의 아름다움과 가치를 강조한다. 글을 통해 독자들에게 자연의 풍요로움, 다양성, 조화로움에 대한 경험을 전달함으로써 독자들에게 자연을 사랑하고 보호하는 동기와 영감을 부여한다.

넷째, 개인적인 변화와 사회적인 참여 유도이다. 생태적 글쓰기는 독자들에게 개인적인 변화와 사회적인 참여를 유도한다. 글을 통해 독자들에게 개인적인 행동 변화와 사회적인 참여가 사회적 문제 해결과 지속가능한 사회를 구축하는 데 어떠한 역할을 할 수 있는지를 알려줌으로써 독자들에게 영감을 주고 동기를 부여한다.

이러한 생태적 글쓰기는 독자들이 환경문제에 대해 무기력해지거나 좌절하지 않고, 긍정적인 변화와 행동을 취할 수 있는 동기를 부여하며, 지속가능한 사회와 환경을 위한 개인적인 변화와 사회적인 참여를 유도할 수 있다. 이를 통해 개인과 사회의 모든 참여자들이 환경문제에 대한 실질적인 조치를 취하고, 새로운 아이디어와 혁신적인 해결책을 모색하는 과정에 참여할 수 있다.

결국 생태적 글쓰기는 나와 우리를 위한 글쓰기이다. 생태적 글쓰기는 글쓴이와 독자들과의 공감과 연결을 형성하며, 모두가 지속가능한 미래를 위한 힘을 발휘할 수 있는 기반을 마련하는 데에 중요한 역할을 할 것이다.

생태적 글쓰기를 돕는 도서관

도서관은 시민들이 생태적 글쓰기를 하기 위해 돕는 기관으로서 지역민들의 삶 속에서 자연스럽게 존재하는 곳이다. 도서관은 생태적 글쓰기를 위한 중요한 역할을 수행하는 문화적, 사회적, 교육적 기관으로 변화되어야 한다. 도서관은 생태적 글쓰기뿐만 아니라 시민들의 정보격차 해소, 문해력 향상, 삶의 질을 높이기 위해 다양한 역할을 담당한다. 가령 자료 제공, 연구 지원, 커뮤니티 활동, 작가 지원과 창작 활동 지원, 정보조직과 제공 등이다.

도서관은 생태학, 환경문제, 지속가능성과 관련된 다양한 자료와 자원을 제공한다. 책, 논문, 보고서, 잡지 등 인쇄물뿐만 아니라 온라인 데이터베이스, 전자책, 웹 자료 등 생태사상과 관련된 정보에 쉽게 접근할 수 있도록 지원한다.

도서관은 연구자와 작가들을 위한 자료 수집과 연구 지원을 제공하며, 생태사상에 관련된 최신 연구와 문헌을 수집하고, 이를 연구자들이 이용할 수 있도록 제공한다. 또한 연구 방법론과 글쓰기에 관한 지원과 자료도 제공할 수 있다.

도서관은 지역 커뮤니티를 위한 활동과 프로그램을 개최함으로써 지역주민들을 위한 생태적 글쓰기를 도울 수 있다. 환경 교육, 세미나, 토론, 강연 등을 통해 생태사상과 환경문제에 대한 의식과 이해를 촉진하는 역할을 할 수 있다. 이러한 활동은 지역주민들에게 생태적인 관심과 글쓰기 기회를 제공해 지역사회의 남녀노소 시민들에게 생태적 글쓰기를 지원해야 한다.

도서관은 작가들을 위한 지원과 창작 활동을 제공하는 역할을 기대할 수 있다. 작가 워크숍, 글쓰기 그룹, 작가 간의 교류 등을 통해 작가들에게 생태사상과 관련된 주제로 글을 쓰고 창작하는 기회를 제공하면 어떨까. 이는 작가들이 생태적인 주제에 대해 글로써 표현하고 커뮤니티와 공동체에 긍정적인 변화를 가져올 수 있을 것이다.

도서관은 생태사상과 관련된 정보를 조직하고 알림을 제공하는 역할을 해야 한다. 주요 책 추천, 이벤트 알림, 리서치 가이드 등을 통해 이용자들에게 생태적 글쓰기와 관련된 최신 정보와 자료를 제공해 주는 역할을 할 수 있다.

도서관은 저술, 창작, 출판, 독서 등 시민들이 참여하는 책 문화를 통해 문화 민주주의를 실현하는 기관으로서 발전해 나가야 한다. 글쓰기는 읽기와 연동되어 있기 때문에 읽고 쓰고 토론하는 활동들을 적극적으로 지원하는 커뮤니티 공간 조성, 출판지원 정책이 함께 이루어져야 한다.

우리 삶을 변화시키는 생태적 글쓰기

　　　　　　생태적 글쓰기는 여러 가지 방식으로 우리의 삶을 변화시킬 수 있다. 생태적 글쓰기가 우리 삶에 어떤 변화를 가져올 수 있을까.

　인식과 의식의 변화이다. 생태적 글쓰기를 통해 생태사상에 대한 더 깊은 이해와 인식을 갖게 된다. 환경문제의 본질과 그에 따른 영향을 이해하고, 지속가능한 삶과 환경 보호의 중요성을 인식할 수 있다.

　소비 습관의 변화이다. 생태적 글쓰기는 우리의 소비 습관을 돌아보게 하고, 지속가능한 소비와 자원 이용에 대한 선택을 할 수 있도록 돕는다. 환경에 부담을 줄이는 제품이나 서비스를 선택하고, 폐기물 판리와 재활용에 대한 관심과 실천을 가질 수 있다.

지속가능한 생활 방식을 채택하고 실천하는 생태적 글쓰기는 지속가능한 생활 방식에 대한 영감과 아이디어를 제공한다. 에너지 절약, 재생 에너지 이용, 친환경적인 교통 수단 활용, 유기농 식품 섭취 등 지속 가능한 생활 방식을 채택할 수 있다.

환경 보호 및 지역 참여이다. 생태적 글쓰기는 환경 보호와 지역사회 참여에 대한 의식을 높이고, 행동을 취할 수 있는 동기를 부여한다. 지역의 환경보호 활동에 참여하거나, 환경 단체에 기여하며, 지역 커뮤니티의 환경문제에 관심을 가질 수 있다.

글쓰기와 표현력의 향상을 위해서 생태적 글쓰기가 필요하다. 생태적 글쓰기를 통해 우리의 글쓰기 기술과 표현력을 향상시킬 수 있다. 환경문제에 대한 생각과 감정을 표현하고, 다른 사람들과 공유하며 공감하는 역량을 갖추게 된다.

이러한 변화들은 우리의 삶을 보다 건강하고 환경 친화적인 방향으로 변화시킬 수 있다. 생태적 글쓰기를 통해 개인적인 변화뿐만 아니라 사회적인 변화를 이끌어낼 수 있는 역할을 한다.

생태적 글쓰기는 인식과 의식의 전파, 정책 변화와 영향력, 사회 운동과 활동의 지원, 교육과 의식 개선 등 사회에 영향을 줄 수 있다. 생태적 글쓰기는 사회에 환경문제에 대한 인식과 의식을 전파하는 역할을 하며, 환경문제에 대한 정보와 인식을 공유함으로써 사회적인 대화와 이해를 촉진시키고 사람들의 관심과 참여를 유도할 수 있다.

또한 환경문제와 관련된 정책 변화에 영향을 미칠 수 있는데, 생태적 글쓰기를 통해 사회적인 이슈로써의 환경문제를 제기하고, 해결책을 제안함으로써 정책 결정에 영향력을 줄 수 있다. 생태적 글쓰기는 환경 보호와 지속가능한 사회를 위한 사회 운동과 활동을 지원할 수 있는데, 글을 통해 환경단체나 지역 커뮤니티의 활동을 알리고, 참여를 독려함으로써 사회적인 변화를 이끌어낼 수 있다.

생태적 글쓰기는 교육과 의식 개선에 기여할 수 있다. 환경 교육 자료, 글쓰기 프로그램, 커뮤니티 행사 등을 통해 사회 구성원들에게 환경문제와 생태사상에 대한 이해와 참여의식을 심어줄 수 있다. 생태적 글쓰기는 문화와 예술의 영역에서도 영향을 줄 수 있다. 시, 소설, 영화, 미술 등의 예술 작품을 통해 환경 문제를 다루고, 사회적인 대화와 인식을 이끌어내는 데 기여할 수 있다.

생태적 글쓰기는 개인적인 변화뿐만 아니라 사회적인 변화를 이끌어내는 역할을 한다. 사회적으로 더 지속가능한 사회란 자원 소비와 환경 파괴를 최소화하고, 생태계의 건강과 균형을 고려하는 사회를 의미한다. 생태적 글쓰기는 이러한 지속가능한 사회를 이끌어내는 데 중요한 역할을 할 수 있다.

이처럼 생태적 글쓰기는 사회적인 인식과 의식을 바꾸고, 사람들에게 환경문제에 대한 이해와 관심을 높이는 데 기여한다. 사람들이 환경문제에 대한 인식을 가지고 행동을 함으로써 사회적인 변화로 이어질 수 있다. 글쓰기를 통해 사회적 이슈로써의 환경문제를 제기하고, 사회적인 관심과 참여를 유도함으로써 정책 결정에 영향을 미칠 수 있다. 예를 들어, 생태적 글쓰기를 통해 환경 오염에 대한 문제를 제기하고, 정부나 기업의 환경 정책에 영향을 주어 더욱 환경친화적인 방향으로 전환할 수 있다.

생태적 글쓰기는 사회 운동과 활동을 지원하고 사회 구성원들에게 환경문제에 대한 인식과 참여의식을 심어줄 수 있으며 사회적인 변화를 이끌어낼 수 있다. 따라서 생태적 글쓰기는 개인적인 변화뿐만 아니라 사회적인 변화를 이끌어내는 데 큰 역할을 한다. 사회적으로 더 지속가능한 사회를 구축하기 위해 생태적 글쓰기는 중요한 도구와 수단이 될 수 있다.

    무엇보다 생태적 글쓰기를 통하여 내가 존재하고 있는 의미와 내 가족, 이웃, 사회에 대한 관심과 긍정적인 영향을 줄 수 있는 기회를 제공할 수 있다. 이렇게 생태적 글쓰기를 하는 마음을 통하여 자아를 되찾고 내 삶에서 내가 주인이 되는 자부심과 열정이 되살아 난다. 지금부터 생태적 글쓰기를 하는 마음으로 나와 세상을 연결하고 공감력을 키우는 글쓰기를 시작해 보자.

2부

좋은 글이란
사람을 살리는 글이다

좋은 글이란 어떤 글인가

 우리는 누구나 좋은 글을 쓰고 싶어 한다. 좋은 글이란 어떤 글일까? 좋은 글은 여러 가지 요소들이 조합된 결과물이다. 독자들에게 긍정적인 영향을 미치고 좋은 인상을 남기며 읽기 쉽고 흥미롭게 전달되는 글이 좋은 글이다. 좋은 글의 특징을 몇 가지로 정리해 볼 수 있다.

 좋은 글은 독자들에게 내용을 명확하고 간결하게 전달한다. 좋은 글은 독자들이 쉽게 이해할 수 있는 언어와 구조를 사용한다. 복잡한 개념을 단순하고 명료한 문장으로 표현하며, 필요한 내용을 간결하게 전달한다.

좋은 글이란 흥미로운 주제를 통해 독자들에게 지식과 정보를 제공한다. 좋은 글은 독자들이 공감할 흥미로운 주제를 다루고 독자의 호기심을 자극한다. 흥미로운 주제를 어렵게 쓰거나 딱딱하게 구성하면 지루하겠지만 이야기처럼 흘러가며 독자들을 설득하거나 감동시킨다면 좋은 글이다.

논리와 근거도 좋은 글의 중요한 요소이다. 좋은 글은 논리적으로 잘 구성되어 있어야 하며 주장이나 주제를 뒷받침하는 이론적 근거와 사실에 근거해야 한다. 좋은 글은 독자에게 신뢰성을 주는 것이 중요한데 객관적이고 신뢰성 있는 정보와 근거를 제공하여 독자의 신뢰를 얻어야 한다. 논리적인 흐름과 근거를 통해 글이 타당하게 전달되어야 한다.

독자와 공감하는 글이 좋은 글이다. 좋은 글은 독자들과 공감하는 글로써 독자들의 감정에 다가가고 공감을 일으킨다. 독자들이 공감할 수 있는 이야기, 에피소드, 사례를 곁들여 쓰면 좋다. 나의 이야기를 하면 좋다. 나의 실제 경험을 글쓰기를 통해 독자들에게 전달하며, 독자들은 나의 경험을 통해 인사이트를 얻고자 한다. 내 이야기를 쓰는 훈련을 해보면 좋다. 눈을 감고 생각해 보면 나의 좋은 경험, 혹은 실패를 했더라도 실패한 경험을 담담하게 기록해 보자. 나의 이야기가 담긴 글쓰기를 통해 독자와 상호 공감이 이루어진다.

　창의성과 개성이 있는 글도 좋은 글이다. 좋은 글은 창의성과 개성을 반영한다. 글쓴이는 자신만의 독특한 시각과 관점을 표현하고, 창의적인 사고를 통해 새로운 아이디어와 접근 방식을 제시할 수 있다. 이렇게 글쓴이의 개성과 창의성이 반영된 글은 독자들에게 신선함을 주고 독창적인 경험을 제공한다.

　진정성 있는 글쓰기가 좋은 글이다. 진정성 있는 글쓰기란 화려하고 유려한 문체로 이루어진 글이 아니라 글쓴이의 진심이 담겨 있어야 한다. 진심이 담긴 글은 시간이 오래 간다.

　이외에도 좋은 글의 요건들이 있겠지만 좋은 글은 명확하고 간결하게 전달되어야 하며, 흥미로운 주제로 독자에게 지식과 정보를 제공하고, 논리와 근거를 바탕으로 타당성과 신뢰성을 주며, 독자들과 공감을 형성하고, 창의성과 개성을 반영하며, 진심이 담긴 글이다. 이러한 다양한 요소들이 결합된 글은 독자들에게 긍정적인 영향을 주며, 읽기 쉽고 흥미로운 경험을 제공한다.

좋은 글이란
사람을 살리는 글이다

말하고 쓰고 읽는 행위는 인간만이 할 수 있는 신이 내려준 특별한 선물이다.

인류는 언제부터 글을 쓰기 시작했을까? 인류가 글쓰기를 시작한 정확한 시기는 알 수 없지만 고대 문명에서부터 글쓰기의 역사가 시작되었다. 약 5천년 전에 메소포타미아와 이집트에서 등장한 상형문자가 글쓰기 역사의 시작이며, 이후 다양한 문명에서 글쓰기가 발전해 왔다. 글쓰기는 인류의 문명과 지식의 전달에 중요한 역할을 해왔다. 글쓰기를 통해 지식과 역사, 문학 작품, 법률, 종교적인 텍스트 등이 기록되고 전해지며, 문화와 학문을 발전시켰다. 글쓰기는 사회의 발전과 문화의 유지에 기여하며, 인류의 지식과 역사의 연속성을 보존하는 중요한 수단이 되었다. 이렇게 인류문명에 영향을 준 글쓰기 중에서 좋은 글이란 무엇인가를 생각해 보고 좋을 글을 쓰기 위해서 노력하는 과정이 있어야 한다.

가장 좋은 글은 사람을 살리는 글이라고 생각한다. 좋은 글은 긍정의 힘을 가진다. 좋은 글은 사람들의 마음과 정서를 움직이며, 영감과 용기를 주고, 인간의 삶을 더욱 풍요롭게 만들 수 있다.

좋은 글은 독자들에게 영감과 동기부여를 준다. 긍정적인 이야기, 성공적인 경험, 격려와 용기를 주는 메시지는 사람들이 자신의 잠재력을 발휘하고 꿈을 향해 나아갈 수 있도록 도와준다. 또한 좋은 글을 통해서 사람들 사이의 관계를 강화하고 이해를 도모할 수 있다. 이야기를 통해 사람들의 다양한 경험과 감정을 공유하고, 이해심과 공감을 일으키며, 서로의 차이점을 인정하고 존중할 수 있는 길을 열어준다.

좋은 글을 씀으로써 사람들에게 지식과 교양을 제공한다.

세상의 다양한 지식과 정보를 쉽고 재미있게 전달함으로써 문화, 역사, 과학 등 다양한 분야에 대한 이해를 넓힐 수 있도록 도와준다. 또한 좋은 글은 위로와 치유의 역할을 한다. 어려운 시기나 상황에서 사람들에게 위로와 안정감을 주는 글은 심리적으로 지지를 받고 회복하는 데 도움을 줄 수 있다. 좋은 글을 통하여 긍정적인 에너지와 감정적인 연결을 형성하여 사람들이 힘을 얻을 수 있도록 도와준다.

좋은 글은 인간적인 경험의 공유를 통해 사람들에게 우리 모두가 서로 연결되어 있다는 것을 알려준다. 다양한 이야기와 경험을 통해 사람들은 공감하고 공동체 의식을 갖게 되며, 이를 통해 우리가 함께 성장하고 협력하여 더 나은 사회를 만들어 나갈 수 있다. 좋은 글은 사람들을 연결시키고, 서로의 경험을 공유함으로써 사회적 융화와 이해를 촉진한다.

이렇게 좋은 글은 나뿐만 아니라 사람을 살리고 공동체를 건강하게 만드는 역할을 한다. 좋은 글을 쓴다는 것은 내가 인간적인 경험의 공유를 통해 공동체와 함께 성장하고 협력하는 데 기여할 수 있다는 것을 의미한다.

우리가
글을 쓰는 이유

　　　　　　　　　　　글쓰기를 하는 이유는 개인마다 다를 것이다. 글쓰기 강의를 하면서 던지는 질문 중 하나가 '나는 왜 글을 쓰고 싶을까'이다. 우리는 학교에 다니면서 글쓰기에 대한 중요성과 필요성에 대해서 많이 들었다. 하지만 나는 왜 글을 쓰고 싶을까라는 철학적이고 본질적인 질문에 대하여 진지하게 생각해 볼 겨를이 없었을 것이다.

　　나는 왜 글을 쓰고 싶을까. 이 질문을 던지면 글쓰기 강의를 듣는 사람들은 모두 조용해진다. 생각해 볼 시간을 주고 천천

히 이야기를 나눠보면 사람들마다 내가 왜 글을 쓰고 싶은지 다양한 이야기들이 쏟아져 나온다. 이 책을 읽는 독자들도 나는 왜 글을 쓰고 싶을까에 대해서 생각해 보는 시간을 가졌으면 한다.

　인간은 왜 글쓰기를 하고 싶을까. 글쓰기에 앞서 이 질문에 대해서 우리가 생각을 해봐야 한다. 그 이유를 여섯 가지로 정리를 해 볼 수 있다.

　첫째, 글쓰기는 나 자신을 알아가는 과정이다. 글쓰기를 하면서 내가 누구인지를 알아간다는 것은 글쓰기 과정에서 가장 큰 성과이다. 보통 나 자신을 나도 잘 모르는 경우도 많이 있는데 글쓰기를 하면서 잃어버린 자아를 찾을 수 있다. 내가 살아왔던 지난날의 시간과 경험들을 돌아보고 성찰해 보는 과정에서 글쓰기에 대한 진정성이 나온다. 나 자신을 알아가는 과정으로서 글쓰기는 내가 어떤 사람인지 좀 더 세밀하게 들여다보는 시간들과 만나는 소중한 경험이다.

　둘째, 글쓰기는 지식을 쌓아가는 과정이다. 글을 쓰기 위해서는 생각, 경험, 지식, 정보 등이 바탕이 되어야 하기 때문에 글쓰기를 하다보면 내가 알고 있는 지식과 내가 모르고 있는 지식에 대해서 검증해 볼 수 있다. 내가 알고 있다는 것은 어쩌면 매우 추상적인 것이기에 글쓰기를 통해서 내가 무엇을 잘 모르는지 정확하게 가려낼 수 있다. 좋은 글쓰기를 위해서는 인생의 다양한 경험과 지식이 축적되어 있어야 한다. 따라서 평소에 읽을 주제를 선정하여 지식과 정보를 습득하는 과정이 있어야 한다. 도서관을 자주 이용하여 책, 잡지, 연구논문, 영상 등 다양한 텍스트를 읽는 시간을 마련하면 좋다.

셋째, 글쓰기는 타인과 소통하는 방식이다. 내가 글을 쓴 결과물을 사람들이 읽어준다. 글쓰기를 통해서 내가 많은 사람을 직접 만나지 않더라도 글을 통해서 소통한다. 따라서 글쓰기는 타인과의 소통이며 넓게는 가족, 사회, 그리고 세계와 소통하는 방법이다.

넷째, 글쓰기는 인간이 가질 수 있는 창조적 활동이다. 무에서 유를 창조하는 과정이 글쓰기다. 빈 원고지 앞에서 혹은 컴퓨터를 키고 글을 쓰고자 할 때 눈앞이 캄캄해지고 막막할 때가 있다. 쓰고 싶은 주제와 이야기가 있더라도 이런 경험은 누구나 해봤을 것이다. 사람의 생각이나 사상 어떤 마음을 한 문장으로 표현한다는 것이 쉬운 과정일 수도 있겠지만 매우 어려운 작업이기 때문이다. 창조적 활동으로서의 글쓰기를 통해 내가 추구하는 세상을 만드는 과정일 수 있다.

다섯째, 글쓰기는 예술적인 활동이다. 앞에서 이야기한 창조적 활동과 연계되는데 소설, 에세이, 시 등 문학적 상상력과 창의력을 바탕으로 수많은 예술적인 작품이 탄생했다. 고전이라고 불리는 다양한 작품들이 그렇다.

끝으로, 글쓰기는 성찰과 치유의 과정이다. 우리가 인생을 살다 보면 희로애락의 시간을 보낸다. 글쓰기를 통해서 내가 살아온 삶을 반추해 보는 시간을 갖게 됨으로써 마음에 쌓였던 상처와 고통, 기쁘고 행복했던 순간, 아쉬웠던 지난날 등 인생의 고비고비를 글쓰기를 통해서 토해낸다. 그러면서 나도 모르게 상처들이 치유되는 것을 느낄 수 있다.

왜 글쓰기를 하는가에 대해서 여섯 가지로 정리를 해보았다. 글쓰기 초보자에게도 글쓰기가 어느 정도 훈련이 된 사람들에게도 이 질문은 모두 의미가 있다. 글쓰기 앞에서는 누구나 겸손해져야 한다는 것이 내가 가지고 있는 글쓰기 철학이다. 우리가 앞으로 글쓰기를 할 때 나는 왜 글쓰기를 하는가, 나에게 글쓰기는 무엇인가, 이 질문들을 스스로에게 던지고 이에 대한 해답을 찾아가는 과정이 바로 글쓰기를 하는 가장 큰 이유이다.

기록과
글쓰기

　　　　　　기록은 인간의 기억을 보존하고 확장하는 역할을 한다. 우리는 개인적인 경험과 사건을 기억하고 있지만 기억은 한계가 있다. 시간이 지나면서 기억이 희미해지거나 왜곡될 수 있다. 이러한 한계를 극복하기 위해 기록은 중요한 역할을 한다.

　　기록은 사건, 사실, 지식, 문화적인 유산 등을 외부 매체에 기록함으로써 인간의 기억을 보존하고 확장할 수 있다. 기록된 정보는 기억의 연장선이 되며 시간과 공간의 제약을 초월하여 후세에 전달된다. 기록은 개인적인 기억의 완성과 개발에도 기여한다. 개인은 자신의 경험과 사건을 기록함으로써 나 자신의 기억을 보다 정확하게 보존하고, 이를 통해 자기 인식과 정체성을 형성하고 발전시킬 수 있다. 기록과 기억은 상호보완적인 관계를 가지고 있으며, 기록은 기억의 부족함을 보완하고 기억의 연장을 가능하게 한다. 기록은 우리가 과거를 이해하고 현재를 인식하며, 미래를 위한 방향성을 제시하는 데 도움을 주는 중요한 도구이다.

인류는 기록을 통해서 역사를 만들어 왔다고 해도 과언이 아니다. 글쓰기는 개인의 역사, 시대의 역사를 기록하는 중요한 방법이다. 출판은 기록을 전달하고 전파하는 가장 큰 역할을 하였다. 기록은 인류에게 다양한 의미와 중요성을 가지며, 정보를 보존하고 전달하는 역할을 한다.

인류는 기록을 통해 과거의 사건, 지식, 문화적인 유산 등을 기억하고 전달해 왔다. 기록은 인류의 역사와 문화의 연속성을 유지하고 지식을 후손에게 전달하는 수단이다.

또한 기록은 지식과 학문의 발전을 촉진하는 역할을 한다. 과학적인 발견, 학문적인 연구, 사회적인 분석 등의 결과를 기록함으로써 다른 사람들과 공유하고 발전시킨다. 이렇게 기록은 지식의 축적과 학문의 진보를 도모한다.

    기록은 문화직인 가치와 유산을 보존하는 역할을 하는데 문학 작품, 예술 작품, 음악, 전통, 관습 등 기록을 통해 현대와 미래를 연결한다. 기록은 문화적인 다양성을 보존하고 전 세계의 문화유산을 유지하는 데 중요한 역할을 한다. 또한 기록은 사회적인 기억과 정체성의 형성에 영향을 미치는데 기록을 통해 과거의 사건, 업적, 사회적인 변화, 가치, 아이디어 등이 기억되고 사회의 정체성을 형성하는 데 도움을 준다. 기록은 개인과 집단의 정체성과 소속감을 구축하는 데 중요한 역할을 한다.

    이처럼 기록은 문명의 발전과 지식의 전달, 문화의 보존과 유산화, 사회적인 기억과 정체성 형성, 연구와 검증의 기반 등 다양한 역할을 한다.

우리 삶에서
글쓰기가 중요한 이유

우리는 태어나면 언어를 배우고 말을 하고 글쓰기를 한다. 언어는 존재의 집이라는 말이 있듯이 어떤 언어를 쓰느냐를 보고 그 사람의 교양과 지식을 엿볼 수 있다. 우리 삶에서 글쓰기는 중요한 활동이다. 글쓰기는 사람들과 의사소통 수단이며 사고력을 증진시키는 과정이며 나를 표현하는 창의적인 행위이다.

글쓰기는 사람들 간의 의사소통을 위한 주요한 수단이다. 글은 문화, 국가, 세계 간의 소통과 이해를 도모하며, 생각, 아이디어, 정보, 감정 등을 전달하는 역할을 한다. 좋은 글은 독자를 감동시키거나 영감을 주며 정보를 전달하고 설득하는 데 효과적이다. 글쓰기는 사고력을 개발하고 강화하는 데 도움이 된다. 글을 작성하면서 아이디어를 조직하고 구조화하며, 명확하게 표현하기 위해 사고력을 사용해야 한다. 글쓰기는 사고과정을 보다 체계적으로 정리하고 정확히 전달하기 위해 필요한 능력을 키워준다.

글을 통해 나의 생각과 감정을 표현한다. 글쓰기는 창의적인 아이디어를 개발하고 다양한 관점을 표현하는 과정을 제공하며, 사람들이 글쓰기를 통해 자신의 독특한 관점을 발견하고 세계와 상호작용하는 방법을 탐구하는 데 도움을 준다.

글쓰기는 학습 도구이다. 글쓰기는 지식을 습득하고 이해하는 데 도움이 되며, 글을 작성하면서 특정 주제에 대해 조사하고 정리하는 과정을 거치면서 학습효과를 극대화할 수 있다. 또한 글을 통해 습득한 지식을 다른 사람과 공유하고 피드백을 받을 수 있어 학습 경험을 더욱 풍부하게 만든다.

글쓰기를 통해 전문성과 진로를 발전시킨다. 일부 직업에서는 글쓰기가 필수적인 기술이다. 글로 쓰여진 문서는 업무 프로세스에서 핵심 요소로 작용하며, 전문적인 내용을 전달하고 비즈니스 목표를 전달하는 데 중요한 역할을 한다. 글쓰기는 기술적인 지식이나 전문 분야의 내용을 전달하고 설명하는 데 필요하다. 예를 들면, 과학자들은 연구결과를 논문으로 작성하여 다른 연구자들과 공유하고, 비즈니스 전문가들은 제안서나 보고서를 작성하여 비즈니스 목표를 달성하는 데 도움을 준다. 전문적으로 글을 잘 쓰는 능력은 개인의 진로 발전에 매우 중요한 역할을 한다.

글쓰기는 분석력과 비판적인 사고력을 증진시킨다. 글쓰기는 분석력과 비판적 사고를 향상시키는 데 도움을 준다. 글을 작성하면서 주장이나 주제를 논리적으로 분석하고 검토해야 하기 때문이다. 나의 주장을 논리적으로 설명하거나 다른 사람의 주장을 비판적으로 검토하는 과정은 비판적 사고를 향상시키고 논리적인 주장을 구성하는 능력을 키워준다.

앞에서 기록과 글쓰기에 대해서 이야기를 했는데, 글쓰기는 기록과 기억의 역할도 하고 있다. 우리의 경험과 아이디어를 기록으로 남기면 나중에 참고할 수 있으며, 기록된 글은 시간이 흐르더라도 정보를 보존하고 공유하는 데 도움을 준다. 글쓰기는 개인의 성장과 발전을 추적하고 기억력을 강화하는 데에도 도움이 된다.

　이렇게 글쓰기는 의사소통, 사고력 개발, 자기 표현과 창의성, 학습 도구, 전문성과 진로 발전, 분석력과 비판적 사고, 그리고 기록과 기억의 역할을 함으로써 중요한 기술로 작용한다.

　밤하늘의 별을 보면서 글쓰기가 우리 삶에서 중요한 이유를 생각해 본다. 별은 낮에 보이지 않고 밤에 잘 보인다. 낮에도 하늘에 별이 있지만 별의 존재는 어두운 밤에 드러난다. 그만큼 나를 단련시키는 과정이 있어야 밤하늘의 별처럼 빛나는 글이 나온다. 어쩌면 글쓰기의 진가는 내 인생이 행복할 때보다는 인생의 마지막 기로에서 나온다. 오래된 시간을 담아내기까지 내 이야기가 발효되고 농축되는 시간을 기다려야 한다.

　기다림을 아는 것, 시간을 견디는 것. 글쓰기가 우리 삶에서 중요한 이유이다. 글쓰기는 나를 성장시킨다. 나를 담금질하고 시간을 견뎌내는 과정 속에서 내공이 쌓이고 이야기할 주제들이 선명해진다.

글쓰기를 하는 마음

　왜 글쓰기를 해야 할까. 이 질문과 마주하면서 내가 든 생각은 글쓰기는 인간의 자연스러운 마음이라는 것이다.
　'옷소매 붉은 끝동 부여잡고'라는 드라마가 있었다. 공중파에서 방영한 드라마로 꽤 인기가 높았는데 글쓰기가 사람의 자연스러운 욕망이라는 것을 알게 해주는 에피소드가 있다. 75세 된 할머니가 '옷소매 붉은 끝동 부여잡고'를 너무 재미있게 보시고 시청자 소감을 보낸 사연이다. 할머니는 온라인으로 시청자

소감을 올릴 수 없어서 드라마를 쓴 작가에게 직접 시청소감을 손편지로 써서 우편으로 보냈다고 한다. 요즘처럼 이메일이나 소셜 네트워크 서비스로 소통하는 시대에 할머니에겐 손편지가 가장 손쉬운 소통방식이었을 것이다. 할머니가 쓴 사연을 옮겨보면 이렇다.

'옷소매, 붉은 끝동을 쓴 작가님께. 장면마다 내 마음 동요되어 오랜만에 무어라고 표현못할 정도로 설레었습니다. 어느날에 드라마를 보고 하루 종일 설레움에 지낼때도 있습니다. 주위에 있는 친구들은 20대로 돌아간 것 아니냐고 놀립니다. 내 마음이 왜 이럴까 합니다. (중략) 저도 가끔 식탁에 앉아 시를 쓰기도 하고 책을 좋아하는 할머니입니다.'

이 글을 읽는 나 또한 깊은 감동을 받았다. 할머니가 드라마를 보면서 느낀 감정을 손편지로 글을 쓰도록 만든 동기는 무엇이었을까. 할머니의 사연 중 '내 마음이 왜 이럴까'가 손편지를 쓰게 만든 동기였을 것이다. 할머니가 살아온 기나긴 일생을 드라마를 보면서 느낀 감상을 작가에게 쓴 글을 보면서 어쩌면 글쓰기는 인간의 자연스러운 마음일 수 있겠다는 생각이 들었다.

경상도에 칠곡군이라는 시골 마을에서 살고 있는 할머니들의 이야기가 떠오른다. 우리 외할머니 세대처럼 할머니들은 배우고 싶어도 배우지 못한 시대에 사셨다. 글을 배우고 공부에 대한 한을 마음 깊이 간직하고 사신 분들이다. 자식을 기르고 가정을 보살피느라 배우고 싶은 한글도 못 배우고 어느덧 칠십이 넘으신 분들이다.

할머니들은 한글을 정말 정말 배우고 싶으셨는데 배울 기회가 없으시다가 칠곡군에서 한글을 배우는 프로그램을 개설하면서 한글을 배우게 된 계기가 마련되었다. 할머니들이 한글을 배워 직접 시도 쓰고, 글을 써서 칠곡군에서 글을 모아 시집을 출간했다. 어르신들이 그토록 글쓰기를 하고 싶었던 꿈이 이루어진 것이다. 더 감동적이었던 건 어르신들이 손글씨로 쓴 글자체를 칠곡할매체로 등록해서 후대가 사용할 수 있도록 했다.

이렇게 우리 인생에서 글쓰기에 대한 경험은 매우 소중하다. 할머니들이 지금까지 살면서 한글을 배우고 글쓰기를 하고 책을 낸 경험은 인생의 가장 큰 기쁨일 것이다. 할머니들은 한글을 배우고 나서 시도 쓰고 내가 생각하는 것을 글로 표현하고, 손자손녀들에게 쓰고 싶은 편지를 마음껏 쓸 수 있어서 너무 좋다고 하신다.

이런 글쓰기 경험을 들으면서 글쓰기가 인간에게 얼마나 큰 기쁨을 주고 감동을 주는가를 생각한다. 어르신들에게 한글을 가르쳐드리고 글쓰기를 하는 사례들은 질곡군뿐만 아니라 여러 지역에서 추진하고 있는 프로그램이다.

누군가 나에게 글쓰기를 못하게 막는다면 어떻게 될까. 스마트 시대에 우리는 모두 글쓰기 도구를 가지고 다닌다. 소셜 네트워크 서비스를 통하여 글쓰기에 대한 환경이 좋아졌고 언제 어디서든지 나의 일상과 생각과 경험을 쓸 수 있다. 이러한 글쓰기가 내가 정말 쓰고 싶어서 쓰는 글쓰기인지, 나에게 글쓰기는 무엇인가 그리고 나는 왜 글쓰기를 하는가, 이 질문들에 대하여 생각해 볼 필요가 있다.

나는
왜 쓰는가

작가 조지 오웰은 〈나는 왜 쓰는가〉라는 에세이를 썼다. 조지 오웰의 대표적인 작품으로 〈동물농장〉, 〈1984〉 등이 있는데 고전이라고 할 정도로 현재를 살고 있는 우리들에게 많은 시사점을 준다.

조지 오웰이 쓴 에세이 〈나는 왜 쓰는가〉라는 책에서 글쓰기에 대해 공감이 가는 부분이 있다. 오웰은 글의 주제는 그가 사는 시대에 따라 결정된다고 했다. 즉 작가가 어릴 때 어떻게 성장했는지를 전혀 모르는 상태에서 작가가 글을 쓴 동기를 헤

아리는 건 불가능하다는 이야기다.

우리는 다른 사람이 쓴 작품을 읽는다. 작품이 아니어도 다른 사람들이 쓴 글을 읽는다. 소설도 읽고 인문학 서적도 읽고, 신문을 읽고, 인터넷에 올라오는 많은 글을 읽는다. 우리가 다른 사람이 쓴 글을 읽을 때 글을 쓴 사람이 어떻게 성장했는지 전혀 모르는 상태에서 작가가 글을 왜 썼는지 그 동기를 파악하는 것은 매우 불가능하다. 그래서 우리는 작가가 글을 쓴 시대적 맥락을 파악하는 과정이 있어야 한다. 바꿔 말하면 내가 지금 살고 있는 시대가 어떤 시대인가를 공부해야 한다.

우리는 모두 각자 다른 경험을 가지고 산다. 가령 한국전쟁을 겪은 사람도 있고, 전쟁을 모르는 사람도 있다. 한국전쟁을 직접 겪은 사람은 한국전쟁을 담은 소설이나 에세이 등을 읽으면 더 공감할 가능성이 높다. 글의 주제를 파악할 때 글쓴이가 어느 시대를 살았는지 시대적 상황을 파악하는 독서가 우선되어야 하는 이유이다.

따라서 글쓰기를 위해서는 역사 공부는 필수적이다. 국내 역사뿐만 아니라 세계 역사에 대한 전반적인 흐름과 특징을 틈날 때마다 사전 지식을 쌓는 시간이 필요하다. 글쓰기를 하는 사람으로서 내가 살아왔던 시대적 배경, 내가 살고 있는 시대적 상황, 역사적 배경, 국제정세 등 내가 살고 있는 시대를 공부해야 한다.

글쓰기의 출발점을 생각해 볼 때 글쓰기의 본질은 글쓰기에 있다기보다는 글쓰기를 위한 독서와 공부를 통하여 시대를 바라보는 관점을 기르는 문해력에 있다.

조지 오웰이 쓴 에세이 〈나는 왜 쓰는가〉를 보면 글을 쓰는 이유 네 가지를 밝혔다. 아마도 글쓰기를 하는 많은 사람들도 조지 오웰처럼 글을 쓰는 이유를 밝힌 사람은 드물다. 나도 글을 쓰면서 내가 왜 글을 쓰는지 그 이유를 밝힌 적이 없는데 오지 오웰이 쓴 글을 쓰는 이유를 읽으면서 흥미롭기도 했지만 글을 쓰는 사람이 어떤 철학을 가져야 하는지 알게 되었다.

조지 조웰이 글을 쓰는 이유 첫 번째는 순전한 이기심이라고 한다. 두 번째는 미학적인 열정, 세 번째는 역사적인 충동, 네 번째는 정치적 목적이다. 좀 더 구체적으로 이야기를 하자면 첫 번째 순전한 이기심은 똑똑해 보이고 싶고 사람들에게 인정받고 싶고 사후에 기억되고 싶고 어린 시절 자신을 푸대접한 어른들에게 앙갚음을 하고 싶은 욕구 때문이라고 한다. 첫 번째 이유를 읽으면서 나도 모르게 빙그레 미소를 지었다.

 두 번째 미학적인 열성은 외부 세계에 대한 아름다움, 낱말과 어휘, 어휘와 어휘의 적절한 배열이 갖는 묘미에 대한 인식이다. 이는 글쓰기를 좀 더 깊이 있게 들어갔을 때 가능한 일이다. 특히 문학적인 영역에서는 미학적인 열정을 바탕으로 하지만 열정만으로 가능한 일이 아니어서 개인적인 글쓰기에 특별한 노력이 필요한 부분이다.

 세 번째는 역사적인 충동인데, 이는 현상을 있는 그대로 보는 사실 확인, 그리고 현상 이면의 진실을 탐구하는 과정이다. 글쓰기를 통한 기록문화는 역사를 후대에 알리고 보존하는 역할을 한다. 어떻게 보면 역사적인 충동과 출판의 목적이 관련이 있다. 출판이란 역사를 기록함으로써 미래 세대에게 유산으로 물려주기 때문이다. 이는 거대담론으로서의 역사도 해당하지만 개인의 일상적인 역사를 기록하는 미시담론으로서 개인의 역사도 포함한다. 역사의 기록은 승자의 기록이라는 말이 있듯이 기록하지 않으면 세상에 나를 알릴 수 없다. 글쓰기를 통해서 내가 걸어온 발자취를 기록함으로써 역사를 만들어 나갈 수 있다.

네 번째는 정치적 목적이다. 조지 오웰은 세상을 특정한 방향으로 밀고 가려는 세력과 저항하며, 어떤 사회를 지향하면서 분투해야 하는지 다른 사람들의 생각을 바꾸려는 욕구를 글로 쓴다고 했다. 우리는 정치적 환경에서 살아갈 수밖에 없다. 대의민주주의에서 나를 대신하여 정치를 해줄 사람을 뽑는 선거를 한다. 더 나은 세상으로 변화하기를 바라는 마음으로 정치에 대한 관심은 자연스러운 것이다. 정치적 활동으로서 글쓰기를 통하여 나의 정치철학을 알리기도 하고 정치적 현상에 대해서 분석하기도 하며 정치활동에 대한 문제를 고발하기도 한다.

조지 오웰은 이렇게 네 가지로 글을 쓰는 이유를 밝혔고, 그 결과물로 많은 글을 썼고 지금 우리가 그의 책을 읽으면서 조지 오웰이 살았던 당시의 시대상을 알 수 있다. 사람들마다 글쓰기의 이유라든지 출발점은 다를 것이다. 내가 글을 쓰는 출발점이 무엇인가에 대해서 생각해 보는 시간을 갖는 것은 어떨까. 조지 오웰처럼 내가 글을 쓰는 이유에 대해서 나름대로 정리를 해보는 시간을 갖는 것도 좋다.

내가 쓰고 싶은 글이 역사적인 관심으로 어떤 진실을 사람들에게 알려주려고 하는 것인지, 그리고 정치적 목적인지, 이외에도 내가 글을 쓰는 출발점을 찾을 수 있을 것이다.

2부. 좋은 글이란 사람을 살리는 글이다

글쓰기를 위한 태도

 글을 잘 쓰려면 어떻게 해야 하나요? 글쓰기를 잘 하기 위한 기술은 무엇인가요? 이런 질문을 종종 받는다. 글을 잘 쓰는 획기적인 방법은 없다. 마음이 급한 사람들은 빠른 시일에 좋을 글을 쓰고 싶어 하지만 글쓰기는 내가 스스로 해야 하는 고된 노동이기에 하루아침에 습득하는 스킬이나 테크닉이 아니다. 글쓰기를 잘 하기 위해서는 글쓴이의 태도가 필요하다. 글을 잘 쓰고자 하는 태도. 이러한 글쓰기를 위한 태도에 대해서 말하고 싶다.

첫째, 독서이다. 내가 가지고 있는 생각이나 어떤 경험을 풀어내기 위해서는 글쓰기를 위한 독서가 필요하다. 즉 풍부하게 독서를 해야 좋을 글이 나온다. 독서를 통해서 지식을 계속 쌓는 과정이 필요한데, 한 주제를 깊이 있게 파고드는 독서뿐만 아니라 다양한 지식과 정보를 습득하는 폭넓은 독서도 필요하다. 아침 독서, 점심독서, 저녁독서, 잠자기 전 독서로 자투리 시간을 활용하여 독서가 일상이 되는 습관을 만들면 좋다.

둘째, 건강한 비판적 사고이다. 내가 살고 있는 사회, 뉴스, 국내외 다양한 세상 사람들 이야기들에 대해서 관심을 갖고 비판적 사고를 통한 바람직한 방안을 제시할 줄 알아야 한다. 비판과 비난은 다르다. 다른 사람을 헐뜯는 비난은 성숙한 글쓰기 태도가 아니다. 건강한 비판적 사고는 열린 시각으로 세상을 볼 줄 아는 아량과 어떤 방향으로 세상을 바꾸어야 하는지 대안을 제시하는 것이다.

셋째, 나의 관점 만들기이다. 글쓰기에는 나의 관점이 제시되어야 한다. 나무 한 그루를 보더라도 나는 어떤 관점으로 나무를 볼 것이며, 나무에 대해서 어떤 방향으로 글쓰기를 할 것인지 생각해 보자. 사람들마다 나무를 보는 관점들이 다를 것이다. 관점을 다른 사람이 제시해 줄 수 없다. 나만의 관점을 가지고 내가 살고 있는 사회에 대해서 분석을 해봄으로써 나의 관점을 다른 사람들에게 제시하는 것이 중요하다. 이러한 나만의 관점을 갖기 위해서는 앞에서 제시한 독서, 건강한 비판적 사고가 전제되어야 한다. 독서와 비판적 사고를 통해서 나의 이론과 근거를 만들어가는 과정을 통해서 나의 관점을 만들고 글쓰기를 위한 다양한 재료를 모을 수 있다.

 넷째, 휴머니즘 철학이 필요하다. 책을 쓴 저자를 만나보면 책과 사람이 다른 경우들이 있다. 책에서는 좋은 말을 많이 늘어놓았지만 정작 만나보면 책과 전혀 다르게 행동하고 말하는 사람이 있다. 독자로서 매우 힘빠지는 사례이다. 글쓴이의 가장 중요한 태도는 휴머니즘이다. 책보다 사람이다. 휴머니즘에 대한 이야기는 곧 내가 어떤 이유로 글을 쓰고자 하는 것인가와 연결된다. 펜은 칼보다 강하다는 말이 있다. 그만큼 글쓰기는 매우 강력한 에너지를 가지고 있다. 비난하는 글보다는 비판적 글쓰기로 대안을 제시하고 사람을 살리는 글쓰기, 사회에 좋은 영향을 주는 글쓰기를 권한다. 글쓰기 에너지를 나쁘게 쓰기 보다는 긍정적으로 쓰는 것이 글쓴이의 정신건강에도 매우 좋다.

글쓰기와 독서는
연결되어 있다

　글쓰기를 위한 목적이 아니라도 독서는 우리 인생을 풍요롭게 만드는 매우 중요한 활동이다. 독서를 위한 시간은 강제로 만드는 것이다. 보통 사람들이 독서할 시간이 없다고 하는데 잘 생각해 보면 자투리 시간을 활용해서라도 독서할 시간을 만들어 낼 수 있다. 짧은 글이라도 하루에 한 문장이라도 매일 읽는 것이 좋다.
　독서를 통해서 책 속의 한 문장을 가지고 내 생각과 비교를 해보고 나의 언어로 다시 풀어내는 과정이 중요하다. 독서를 하면서 글쓰기 모델을 찾는 것도 방법이다. 작고한 소설가 박완서 작가는 마흔 살에 소설가로 등단했다. 나는 박완서 작가의 〈나목〉 등 많은 작품을 읽으면서 글쓰기 모델로 삼기도 했다. 신기한 것은 박완서 작가의 작품뿐만 아니라 다른 작가의 작품들로 연결되어 독서가 확장된다. 그렇게 독서가 독서로 연결되는 활동을 통해서 글쓰기의 다양한 유형을 만나게 된다. 박완서 작가의 작품을 읽은 후 박경리 작가의 작품으로 이어지고 김훈 작가의 소설로 이어지고 이렇게 독서를 통한 독서로 이어지면서 더 많은 작가의 작품을 읽게 되는 독서의 선순환을 경험한다.

글쓰기를 하기 위해서는 독서는 필수적이다. 아마 글쓰기를 해본 사람은 모두 느낄 것이다. 읽지 않으면 쓰기를 할 수 없다. 쓰기를 위한 독서를 위해서는 책뿐만 아니라 신문, 잡지, 연구논문, 학술자료 등 다양한 텍스트들이 대상이 된다. 요즘엔 유튜브 영상이 활성화되면서 유튜브를 통해 지식과 정보를 얻을 수 있다. 영상에 익숙해진 시대에 살고 있는데 글쓰기를 위해서는 문자 텍스트 읽기를 권한다.

많은 독서가들이 독서에 대한 방법론을 제시했는데 몇 가지 조언을 하면 다음과 같다.

첫째, 독서를 하기 전에 내가 읽어야 할 주제를 정하자. 막상 독서를 하려고 하면 어떤 책을 읽어야 할지 어떤 텍스트를 읽어야 할지 막막하다. 주제 독서로 시작하면 깊이 있는 독서로 이어질 수 있기 때문에 관심 주제를 먼저 정하는 게 좋다.

둘째, 관심 주제를 정하면 관련 책, 잡지 등 독서를 위한 텍스트를 목록화하는 것이다. 관심 주제에 대한 책을 먼저 읽은 후 다음 책으로 이어질 텍스트를 정하는 것도 한 방법인데 미리 목록화를 해두면 주제에 대한 텍스트 현황을 파악할 수도 있고 어떤 책을 먼저 읽어야 할지 순서를 정할 수도 있다.

셋째, 비판적 독서를 하자. 책을 읽을 때 비판적 관점을 갖는다는 의미는 책을 쓴 저자를 비난하라는 말이 아니다. 비판적 독서가 중요한 이유는 나는 어떤 문제의식을 가지고 있는가를 독서를 통해 확인하는 과정이다.

넷째, 질문하는 독서를 하자. 나는 어떻게 생각하는가? 내가 대안을 제시한다면? 독서를 통해서 다양한 질문을 던질 수 있다. 안타까운 점은 우리가 공교육을 받을 때 독서토론교육이 많이 부족하다는 점이다. 독서토론의 가장 큰 핵심은 질문과 공감이다. 우리나라에서 독서는 대입을 위한 도구가 되었다. 일상에서 독서가 생활화되지 못한 가장 큰 이유가 독서토론 없는 공교육 때문이라고 본다. 특히 어린이, 청소년들이 주도적으로 해야 할 독서를 사교육에 맡기고 사교육 시장에서는 논술을 위한 왜곡된 독서로 인해 잘못된 독서습관을 갖게 된다.

다섯째, 독서노트를 준비하자. 독서노트는 두껍지 않고 작은 가방에도 쏙 들어가는 사이즈가 좋다. 노트가 무거우면 실용성이 없다. 독서노트에는 책을 읽은 날짜, 시간, 책 제목, 저자, 출판사, 출판일을 기록해 두고, 책 속의 문장과 내 생각을 기록해 두면 시간이 지나더라도 잊혀진 기억을 다시 떠올릴 수 있다. 책 속의 문장을 기록해 둘 때 나중에 표절하지 않도록 쪽수까지 기록해 두면 좋다.

여섯째, 서평쓰기를 해보자. 읽기와 쓰기는 연결되어 있고 같은 활동이다. 책을 읽고 나면 줄거리, 주요 핵심 내용, 나의 생각 등을 정리하여 기록해 두는 것이 좋다. 분량은 상관 없다. 길게 쓸 필요가 없고 서평노트나 컴퓨터에 서평 폴더를 만들어서 내가 읽은 책에 대한 서평을 기록해 두면 나의 독서역사가 만들어진다.

이외에도 독서를 위한 방법론은 많이 있는데 다른 사람이 제시하는 독서방법보다 중요한 것은 책을 읽는 실천이다. 독서방법론에 대한 책을 읽으면서 정작 독서로 이어지지 않는다면 무슨 소용이 있는가. 나만의 독서방법론을 만들기 위하여 독서를 해야 한다.

글쓰기와 독서는 밀접한 관계를 가지고 있다. 글쓰기와 독서는 상호보완적인 관계를 가지고 있다. 독서는 글쓰기에 필요한 아이디어, 지식, 어휘, 문법 등을 습득하는 데 도움을 주며, 글쓰기를 위한 자료와 영감을 제공한다. 독서를 통해 다양한 저자와 작품을 접하면서 다양한 글쓰기 스타일과 기법을 익힐 수 있으며, 독서를 통해 다른 사람들의 글을 경험하고 분석함으로써 자신의 글쓰기 실력을 발전시킬 수 있다.

독서는 글쓰기에 필요한 아이디어 발전과 창의성을 촉진할 수 있다. 다양한 주제와 이야기를 읽으면서 새로운 아이디어와 관점을 얻을 수 있으며, 다른 작가들의 문체와 스타일을 탐구할 수 있다.

독서는 글쓰기 기술을 강화하는 데 도움을 준다. 다양한 작품을 읽으면서 문장 구조, 문법, 어휘 사용 등에 대한 지식과 감각을 향상시킬 수 있다. 글쓰기를 통해 독자들을 흥미롭게 만들고 글을 효과적으로 전달하기 위해서는 문체와 스타일의 다양성을 이해하고 활용할 수 있어야 하는데, 독서는 자신의 글쓰기 기술을 강화하고 세련되게 발전시키는 데 도움이 된다.

글쓰기 습관을 형성하기 위해서는 독서는 필수적이다. 글을 읽으면서 다양한 글쓰기 스타일과 기법을 접하고 영감을 얻을 수 있다. 독서는 꾸준한 학습과 탐구를 요구하는 활동이기 때문에 글쓰기에 대한 꾸준한 연습과 습관 형성에도 도움을 준다. 독서를 하다보면 지식과 정보을 습득할 뿐만 아니라 지혜를 얻게 되고, 내 삶이 점점 풍요로워지는 것을 체험할 수 있다. 우리가 책을 읽고 사색을 하는 이유이다.

글쓰기 일상을 위한 실천

"글을 쓰고 싶은데 어떻게 써야 할지 모르겠어요." 글쓰기에 대한 고민을 털어놓는 분들이 종종 있다. 그래서 몇 가지 글쓰기를 위해서 일상에서 어떤 실천이 필요한지 몇 가지 조언을 해드리고 싶다.

첫째, 메모하는 습관을 기르기.

메모 습관은 글쓰기를 풍성하게 해준다. 앞에서 독서노트에 대한 조언을 했는데 노트를 매번 항상 지니고 다니면 좋지만 현실적으로 가능하지 않다. 그래서 손바닥 크기의 노트나 수첩을 준비해서 수시로 메모를 하는 습관이 들이면 좋다. 출퇴근 시간 창밖의 풍경, 갑자기 떠오르는 단어나 문장, 뉴스를 보면서 드는 나의 생각, 강의에서 들은 메시지 등 다양한 내용을 언제 어디서든지 메모해야 한다.

둘째, 집에서 가까운 도서관을 자주 이용하기.

글쓰기를 하는 분들에게 집에서 가까이에 있는 도서관을 적극적으로 활용하라고 이야기해 준다. 도서관에 갈 때 가능하면 걸어가는 거리에 있는 도서관이 좋다. 걷기는 건강에도 도움이 되지만 생각을 할 때도 좋다. 걷기는 생각을 무르익게 만든다. 집에서 가까운 도서관을 이용하는 이유는 도서관에 오가면서 주위 환경을 볼 수 있기 때문이다. 걸어가면서 나무도 보고 지나가는 길고양이도 보고 강아지도 보고 꼬마도 보고 어르신도 보고 평소에 볼 수 없는 다양한 환경과 마주친다. 도서관에 가면 책, 잡지, 영상자료 등이 있으니까 내가 관심이 있는 주제에 대해서 다양한 텍스트를 접할 수 있다. 책을 읽으면서 글쓰기를 동시에 할 수 있는 곳이 도서관이다.

셋째, 하루에 한 문장 쓰기.

처음부터 욕심을 부리고 한 권의 책을 다 쓸 수 없다. 첫술에 배부르지 않듯이 하루에 한 문장씩 쓰자는 생각으로 글쓰기를 시작하면 점차 글쓰기 분량이 늘어난다. 아침에 출근하면서, 점심시간, 퇴근한 후 잠자리에 들기 전에 가만히 눈을 감고 일상을 생각하면서 떠오른 문장을 기록하면 된다. 문장이 아니어도 좋다. 한 문장을 써도 좋고 두세 문장을 써도 좋다. 이런 훈련을 거치면 점차 글 분량을 늘려나갈 수 있다.

넷째, 혼자 있는 시간을 즐기기.

사람은 관계를 맺고 살아가는 존재이다. 그러나 혼자 있는 시간을 즐겨야 한다. 혼자서 책도 읽고 글을 쓰면서 혼자 있는 시간을 즐기다 보면 나에게 집중하는 시간이 늘어난다는 장점도 있다.

다섯째, 일기를 쓰기.

일기를 써보는 것도 일상 생활에서 글쓰기를 훈련하는데 좋은 방법이다. 사실 우리가 초등학교 때 했던 그림일기는 상상력과 창의력을 기르고 문학적인 감수성까지 쌓는 좋은 기회이다. 아쉬운 점은 초등학교를 졸업하면 우리가 일기쓰기를 멈춘다는 것이다. 지금부터 독서일기를 써보자.

여섯째, 소셜 미디어를 잘 활용하기.

개인적으로 블로그를 한다면 잘 활용하는 것도 방법인데 요즘은 소셜 미디어 시대인 만큼 스마트폰에서 나의 일상을 간단하게라도 기록하는 습관을 들이는 것이 좋다.

일곱째, 감사한 마음을 갖기.

아침에 눈을 뜨고 잠에 잠들기 전까지 안전하게 하루의 일상을 마친 것에 대해서 감사하게 생각하면 좋겠다. 뉴스를 보면 여러 사건 사고들이 일어나는데 내가 그 대상이 아니라 시청자로서 보는 것만으로도 감사하고 위안이 된다. 한편으로는 안전한 세상을 만들기 위해서 우리가 함께 노력하고 제도를 만들어가야 한다. 이런 점에 대해서 문제의식을 갖고 글쓰기로 실천해보면 어떨까. 인간의 욕심과 욕망은 끝이 없다. 나를 다스리는 마음이 필요하다. 일상에서 감사한 마음을 갖는 것은 글쓰기의 진정성을 갖기 위한 준비다.

생태적 글쓰기는 사회적 글쓰기다

글쓰기를 하는 데 있어서 내가 살고 있는 시대적 문제에 대해서 관심을 가질 필요가 있다. 정치, 경제, 사회, 문화 등 내 주변에서 일어나고 다양한 이슈들에 대해서 문제의식을 갖는 자세는 더 풍부한 글쓰기 소재를 모을 수 있기 때문이다. 특히 나의 문제뿐만 아니라 내가 우리 사회 구성원으로서 조금이라도 기여를 할 수 있다는 긍정적인 마인드를 가질 수 있다.

가령 우리 사회의 고령화 문제, 출생률 문제, 복지 문제, 돌

봄 문제 등에 대해서 생각을 해 볼 수 있다. 내가 겪는 일일 수도 있고 내 주변에서 일어나고 있는 다양한 일들에 대해서 문제의식을 갖고 관련된 정보와 지식을 공부하고 대안을 마련하는 글쓰기 과정이 필요하다.

글쓰기를 하는 사람들 중에는 비판이나 지적만 하는 사람들이 있다. 나를 성장시키는 글쓰기는 비판이나 지적에서 머물지 않고 대안이나 해결안을 제시함으로써 가능하다. 내가 보는 대안에 대해서 명확하게 제시하는 글쓰기 훈련이 필요하다. 이러한 글쓰기에 대해서 나는 사회적 글쓰기라고 말하고 싶다. 앞으로 글쓰기는 생태주의 관점에서 사회적 글쓰기로 나아가야 한다.

글쓰기를 할 때 문제의식을 갖어야 하는 이유는 다양하다. 문제의식을 갖는 것은 글쓰기의 목적을 설정하는 데 도움을 주기 때문이다. 문제의식은 어떤 주제에 대해 이야기하고자 하는지, 어떤 문제를 해결하고자 하는지에 대한 인식과 이해를 나타낸다. 문제의식을 갖는 것은 글을 작성할 때 목적을 명확히 설정하고 그에 따라 내용을 조직화하는 데 도움이 된다.

글쓰기에 있어서 문제의식은 독자와의 연결을 형성하는

데 중요하다. 글쓰기는 대상 독자를 고려하게 되는데 독자가 공감하고 관심을 가질 수 있는 문제에 대해 다루는 것도 중요하다. 문제의식을 갖는 것은 독자의 관점을 이해하고 그들의 요구를 충족시키기 위해 적절한 정보와 관점을 글쓰기를 통해 제공해 줄 수 있다.

글쓰기의 과정에서 문제의식을 갖는다는 것은 우리가 세상을 보는 관점에서 분석과 해결 과정에 필요한 기반을 마련하는 데 도움을 준다. 글쓰기는 종종 특정 문제를 해결하거나 주장을 논리적으로 뒷받침하기 위해 사용되는데, 문제의식을 갖는 것은 문제를 분석하고 해결책을 탐구하기 위한 출발점을 제공해 준다. 문제를 명확히 이해하고 문제 해결을 위한 전략을 개발하기 위해 문제의식을 갖는 것은 필수적이다.

문제의식을 갖는 것은 글의 일관성과 구조를 유지하는 데 도움이 된다. 문제의식이 명확하다면 글을 작성하는 과정에서 주제와 관련된 정보를 선택하고 구성하기 쉬워진다. 문제의식을 기반으로 글을 작성하면 글의 구조를 일관되게 유지할 수 있으며 독자 입장에서도 글의 맥락을 쉽게 이해할 수 있다.

독자 입장에서 본다면 글쓰기 과정에서 문제의식을 갖는

독자의 관심을 유발하는 데 도움을 준다. 독자는 글쓰기의 대상이 되며 글을 읽고 이해하고 소통하는 사람이다. 독자는 글쓰기의 중심에 위치하고 있으며, 글쓰기의 목적과 효과를 좌우하는 요소이다. 따라서 글쓰기를 위해서는 독자를 이해하고 그들의 관심과 요구를 고려할 수밖에 없다. 독자의 특성과 관심사에 맞춰서 정보를 제공하고, 독자의 지식 수준과 배경을 고려하여 적절한 언어와 예시를 사용해야 한다.

글쓰기를 할 때 글을 구성해야 하는데 독자의 관심을 유발하고 독자들이 글을 읽고 이해하기 쉽도록 글을 구성해야 한다. 이럴 때 문제의식을 갖는 것은 독자의 관점을 이해하고 그들의 요구와 기대에 부응하는 글을 작성하는 데 도움을 준다. 독자들의 관심을 끌고 글을 통해 그들에게 가치 있는 정보나 인사이트를 제공하는 것은 글쓰기의 핵심 중 하나이다.

이처럼 글쓰기를 할 때 독자의 존재와 관심을 고려하여 문제의식을 갖는 것은 글쓰기에 있어서 중요한 요소이다. 독자 중심의 글쓰기는 글의 효과성과 효율성을 높이는 데 도움을 줄 뿐만 아니라 독자와 글쓰기 사이의 상호작용을 원활하게 만들어 준다.

글쓰기를 할 때
비판적 관점이 필요한 이유

우리가 어렸을 적에 읽는 동화는 아름답게 느껴지지만 동화 속 이면을 알면 동화가 얼마나 비극적이고 참혹한가를 알 수 있다. 동화는 결국 고해라고 하는 인간세상을 은유적으로 보여주기 때문이다.

안데르센의 동화 〈인어공주〉는 인간 세계를 동경하는 인어가 나오는데 인간 세계는 인어가 그리워하는 아름다운 세상만 있는 것이 아니다. 작가의 관점은 세상을 아름답게 보는 것도 중요하지만 우리가 아름다운 세상을 만들기 위해 현실을 직시하는 것도 잊지 않아야 한다. 글쓰기를 할 때 비판적 관점이 중요한 이유이다.

우리가 글쓰기 과정에서 비판적 관점을 가져야 하는 이유들이 있다. 먼저 논리적 사고 강화이다. 글을 쓸 때 나의 주장이나 주제를 분석하고 평가하는 능력은 매우 중요하다. 비판적인 관점을 갖는 것은 주장의 타당성을 평가하고 논리적 결함이나 모순을 발견한다. 이를 통해 논리적으로 일관성 있는 글을 작성하고, 독자들에게 신뢰성 있는 정보와 주장을 제공한다.

둘째, 비판적인 관점은 다양한 관점을 고려할 수 있다. 글쓰기는 종종 다양한 주제나 문제에 대한 관점을 제시하는 것을 필요로 한다. 비판적인 사고는 단순히 자신의 의견이나 시각을 주장하는 것을 넘어서서 다른 사람의 의견이나 시각을 이해하고 존중하는 능력을 키워준다. 이는 글을 더욱 다양하고 포괄적으로 작성할 수 있게 해주며 독자들과의 소통과 이해를 증진시킨다.

셋째, 비판적인 관점을 갖는 것은 글의 논리적 설득력을 강화한다. 글쓰기는 종종 다른 사람들을 설득하거나 영향을 주는 데 사용된다. 비판적인 사고는 자신의 주장을 강화하고 반론에 대비하는 데 도움을 주며, 타인을 설득하기 위한 논리적인 전략을 개발하는 능력을 키워준다.

넷째, 비판적인 관점을 갖는 것은 자신의 글에 대한 개선과 발전을 도모하는 데 도움이 된다. 글을 작성하면서 비판적으로 자신의 글을 검토하고 오류, 부족한 점, 개선 가능한 부분을 찾는 것은 글쓰기의 품질을 향상시키는 핵심 요소이다. 비판적인 사고를 통해 자신의 주장이나 주제를 타당하게 논리적으로 구성하고, 사실에 근거한 정보를 제공하며, 결함이나 약점을 수정하고 보완할 수 있다. 이를 통해 독자들에게 더 높은 수준의 내용과 글의 신뢰성을 제공할 수 있다.

이렇게 우리가 글쓰기를 할 때 비판적인 관점을 갖는 것은 더 좋은 글쓰기를 위한 준비 과정이다. 논리적 사고 강화, 다양한 관점 고려, 논리적 설득력 강화, 그리고 글의 개선과 발전에 도움을 주고 나의 글을 분석하고 개선함으로써 글쓰기의 품질을 향상시킬 수 있다.

사회에 긍정적인
영향을 주는 글쓰기

　　　　　　　　　비판적 관점을 갖고 문제의식을 갖는 글쓰기 태도는 결국 좋을 글을 쓰고 우리 사회에 긍정적인 영향을 주기 위해서이다. 나의 인생을 변화시키고 사회에 긍정적인 영향을 주는 글쓰기를 위해서는 어떻게 해야 할까.

　　무엇보다 내가 쓴 글이 우리 사회에 좋은 영향력을 줄 수 있는가, 라는 성찰이다. 이를 위해서는 글을 쓰는 동안 긍정적인 마음을 유지함으로써 부정적인 주제에 대해서도 긍정적인 해결책이나 전망을 제시하려고 노력하는 것이 좋다. 긍정적인 태도와 사고방식은 독자들에게 희망과 열정을 전달하는 데 도움이 된다.

또한 내가 쓴 글을 통해 독사들에게 영감과 격려를 준다고 생각해 보면 글쓰기의 놀라운 효과를 볼 수 있다. 긍정적인 이야기, 성공적인 경험, 실패를 기회로 만든 경험, 위기를 극복한 돌파구를 제시하여 사람들이 자신의 잠재력을 발휘하고 꿈을 향해 나아갈 수 있도록 도와줄 수 있다.

긍정적인 글쓰기의 특징은 해결책을 제시하는 것이다. 문제를 제기한 후에는 가능한 해결책을 제시해야 한다. 사회적인 문제에 대한 분석과 함께 현실적이고 실용적인 대안을 제시하여 독자들에게 긍정적인 변화를 이끌어내는 데 기여할 수 있다.

긍정적인 영향을 주는 글을 통하여 인간적인 이야기와 경험을 통해 독자들에게 공감과 이해를 불러일으킬 수 있다. 사회적 문제에 직면한 개인들의 이야기를 나누고, 그들의 감정과 어려움을 공유함으로써 사람들 사이에 연결고리를 형성하고 공감심을 일깨운다. 글을 쓰는 과정에서 인종, 성별, 문화적 다양성을 존중해야 한다. 다양한 관점과 배경을 포용하는 글은 사회적인 포용과 이해를 촉진하는 데 도움이 된다.

사회에 긍정적인 영향을 주기 위한 비판적 관점의 글쓰기를 할 때는 사실과 근거에 기반한 글쓰기를 해야 한다. 사회적인 문제에 대해 신뢰성 있는 정보와 연구를 인용하고, 논리적인 주장과 근거를 제시하여 독자들에게 신뢰와 타당성을 전달하는 과정이 필요하다. 또한 글을 통해 다양한 시각과 의견을 존중하고 수용하는 태도가 중요하다. 독자들에게 자신의 주장에 대한 논쟁과 토론의 장을 열어주고, 다양한 의견에 대한 대화를 유도하여 사회적인 문제에 대한 다양한 관점을 들을 수 있도록 하는 과정을 통하여 글이 사회적인 변화를 이끌어내는 데 기여할 수 있다.

　이러한 방법들을 고려하여 긍정적인 영향을 주는 글쓰기를 지향한다면, 사회에 긍정적인 메시지를 전달하고 독자들에게 영감과 변화를 일으킬 수 있는 힘을 지닌 글쓰기를 할 수 있다.

글쓰기로
마음의 상처를 치유하기

살다보면 인간관계에서 상처를 받고 다양한 환경에서 상처를 받기도 한다. 이럴 때 글쓰기는 마음의 상처를 보듬어 주는 기능을 한다. 한때 서점가에는 힐링 에세이가 독자들에게 인기를 끌었다. 복잡한 세상에서 마음을 내려놓고 위안을 얻고 쉼을 얻는 책이 많은 독자들에게 공감을 얻었다. 읽기를 통한 마음 치유라면 글쓰기를 통한 마음 치유도 있다. 내 안에 가둬 두었던 상처를 글쓰기를 통해 쏟아냄으로써 마음의 해방을 얻는 것이다.

감정 표현을 글쓰기를 통해 하는 것인데 마음에 묻어둔 감정이나 상처를 글로 작성하면서 해방감을 느낄 수 있으며, 이를 통해 자신과의 속삭임, 자기 표현의 장을 마련하여 마음을 털어놓을 수 있다. 이는 자기 이해와 인식으로 이어지면서 상처를 글로 기록하면서 그 원인과 영향을 다각도로 이해할 수 있고, 자신에 대한 깨달음을 얻을 수 있으며 자기 성장과 변화를 이룰 수 있다.

글쓰기로 정서적 해방을 얻을 수 있다는 것도 장점이다. 글을 통해 상처를 담아내면서 마음에 무거웠던 감정을 해방시킬 수 있다. 글로 표현함으로써 감정의 압박을 덜고, 마음의 부담을 덜어내어 마음의 평안과 해방을 경험할 수 있다. 이처럼 글쓰기를 통해 상처를 표현하고 공유함으로써 힐링과 치유의 과정을 거친다. 다른 사람들과 공유함으로써 공감과 지지를 받을 수 있으며, 비슷한 경험을 사람들과 연결을 통해 상처를 치유할 수 있는 기회를 얻을 수 있다.

글쓰기를 하다보면 나도 모르는 사이 마음이 평온해지는 것을 느낄 수 있다. 글쓰기는 상처를 긍정적으로 재구성함으로써 상처를 다시 평가하고 긍정적인 의미를 부여하며, 자신의 성장과 회복력을 강화하는 과정을 통해 마음을 치유할 수 있다. 이처럼 글쓰기는 상처를 치유하기 위한 도구 중 하나로 사용된다. 마음의 상처를 다루는 과정에서는 자기 관찰, 사기 이해, 감정 표현, 자기 연결 등 다양한 요소가 함께 작용한다. 이러한 요소들을 글쓰기를 통해 표현하고 공유함으로써 사람들은 서로의 이야기를 듣고 공감하며 함께 지지해주는 경험을 한다. 함께 공유된 이야기들은 상처를 치유하는 과정에서 서로를 도와주고 지지해줄 수 있는 사회적인 연결고리를 형성한다.

글쓰기를 통해 상처를 표현하고 이를 다른 사람들과 공유하는 것은 마음의 상처를 개인적으로만 경험하는 것보다 넓은 시각과 이해를 제공해 줄 수 있다. 다른 사람들과의 공유를 통해 자신의 경험을 외부와 연결시키고 공감을 얻고, 다른 사람들과 공유하는 시간을 통해 마음의 상처를 외면하지 않고 직시하고 받아들이며, 동시에 치유와 회복을 위한 자기 발견과 성장의 기회를 제공해 줄 수 있다.

글쓰기는 마음의 상처를 개인적으로만 다루는 것을 넘어서 다른 사람들과의 공유와 연결을 통해 치유의 과정을 형성하고 이를 함께 나아갈 수 있는 지지와 연대의 공간을 제공한다.

인공지능 시대의
글쓰기

디지털 대전환 시대로 접어들면서 글쓰기 분야에도 인공지능이 가세하고 있다. 인공지능이 시를 쓰고 소설을 쓰는 시대가 되었다. 인공지능 시대에서 인간의 글쓰기는 어떤 의미를 가질까. 인공지능에 글쓰기를 맡긴다고 해도 인간이 담당해야 할 영역이 있다.

인공지능 기술이 발전하면서 자동화된 콘텐츠 생성이 가능해졌지만 사람들은 여전히 고품질의 콘텐츠를 필요로 한다. 따라서 글쓰기에서는 자동화된 콘텐츠 생성과 구분되는 가치 있는 콘텐츠를 제작해야 한다. 대상 독자와 목적을 고려하여 유용하고 흥미로운 정보, 독창적인 아이디어, 감동적인 이야기 등을 남은 콘텐츠를 기획하는 분야는 인간의 영역이다.

창의성과 독창성에 대해서도 생각해 볼 수 있다. 인공지능은 데이터와 알고리즘을 기반으로 작동하기 때문에 사람들이 쉽게 할 수 없는 계산과 분석을 수행할 수 있다. 인공지능 시대에 글쓰기를 잘 하려면 창의성과 독창성이 필요한데, 인공지능은 새로운 아이디어와 관점을 제시할 수 있지만 독자의 호기심과 흥미를 자극하는 콘텐츠를 기획하고 개발하는 것은 인간이 해야 한다.

인공지능은 데이터와 기술에 의존하기 때문에 기술과 데이터에 대한 이해가 필요하다. 인공지능 기술의 동향과 적용 방법, 데이터의 수집과 분석 방법 등을 이해하여 이를 콘텐츠 제작에 활용할 수 있다. 또한 기술적인 용어와 개념을 명확하게 전달하고 복잡한 개념을 이해하기 쉽게 설명하는 능력도 필요하다.

인공지능 기술이 발달하면서 사용자 경험의 중요성이 대두되고 있다. 사용자의 경험들, 독자들의 입장을 고려하고, 독자가 원하는 정보와 니즈에 부합하는 콘텐츠를 제공해야 한다. 직관

적이고 사용자 친화적인 콘텐츠 구성과 설명력을 갖추는 것이 중요하다.

앞으로 인공지능 기술은 지속적으로 발전하고 진화할 것이다. 인공지능 시대에 글쓰기를 잘 하려면 지속적인 학습과정을 통한 발전이 필요하다. 새로운 기술과 도구에 대한 학습을 추구하고, 피드백과 독자의 반응을 분석하여 글쓰기 스타일을 개선하고 발전시킬 수 있다. 또한 새로운 트렌드와 독자의 요구에 대한 탐색을 통해 콘텐츠의 품질과 창의성을 높여야 한다. 인공지능 기술은 글쓰기에도 변화를 가져오고 있지만, 사람의 창의성과 감성은 여전히 중요한 역할을 한다. 따라서 인공지능과 사람의 조화로운 결합을 통해 더욱 풍부하고 가치 있는 글쓰기를 실현할 수 있을 것이다.

최근 등장한 챗GPT는 인간의 고유한 영역인 글쓰기에 충격을 주고 있다. 챗GPT는 다양한 주제에 대한 정보와 아이디어를 제공하고 새로운 관점과 접근법을 제시하며, 글쓰기 과정에서 창의성과 영감을 얻는 데 도움을 받을 수 있다는 장점이 있다. 글을 쓰기 위해 새로운 주제에 대한 연구와 정보 수집이 필요한 경우 챗GPT를 활용해 볼 수 있고, 이를 통해 글쓰기에 필요한 배경 지식과 관련된 자료를 찾고 활용할 수 있다.

챗GPT는 인공지능 언어 모델이기 때문에 사용자가 제공한 정보와 문맥을 기반으로 응답을 생성한다. 사용자가 명확하고 구체적인 질문이나 요구사항을 제공하면 챗GPT는 해당 내용을 이해하고 적절한 응답을 생성한다. 따라서 챗GPT는 미리 학습된 데이터를 기반으로 작동하기 때문에 제공된 정보가 정확하고 신뢰할 수 있는지 항상 확인해야 한다. 결론적으로 챗GPT는 글쓰기 과정에서 도움을 줄 수 있는 도구이지만 최종적으로 글의 내용과 품질은 글쓰는 사람의 책임이 뒤따른다.

3부

글쓰기와 출판

글쓰기를 위한
구성력 기르기

　글쓰기에 앞서 나는 어떤 글쓰기를 할 것인가를 먼저 정해야 한다. 글쓰기 형식은 크게 문학적 글쓰기와 비문학적 글쓰기로 구분해 볼 수 있다. 문학적 글쓰기는 소설, 에세이, 시, 자기서사가 포함된다. 비문학적 글쓰기는 언론 기사, 칼럼, 전문서, 논문이 포함된다. 어떤 글쓰기를 하느냐에 따라서 형식, 문장, 어휘 등이 달라진다.
　속담에 호랑이는 죽으면 가죽을 남기고 사람은 이름을 남긴다고 했다. 사람이 이름을 남기는 대표적인 사례가 글을 쓰고 책을 내는 것이다. 사람은 죽기 전에 기본적으로 세 가지 유형의 책을 출판해야 한다고 본다. 그 세 가지 유형은 자서전, 에세이, 전문서이다. 세상에 내가 없더라도 책을 통해서 내가 어떤 사람이었는지를 후대에 알리지 않을까 싶다.

글쓰기 형식을 크게 문학적 글쓰기와 비문학적 글쓰기로 나누었지만 글쓰기의 기본은 같다. 중요한 것은 진정성 있는 글쓰기이다. 어떤 사람의 글을 읽다 보면 글과 사람이 정반대인 사람도 있다. 글로 읽으면 매우 좋은데 만나보면 별로인 사람인데 글과 사람이 연결이 안 되어 조화롭지 않은 사례도 있다.

글쓰기를 위해서는 구성이 필요하다. 내가 어떤 내용으로 글을 쓸 것인가에 대한 구체적인 형식이 구성이다. 구성력은 현상과 의미를 적절히 구성하고 조직해낼 수 있는 능력이다. 어떤 글을 쓰느냐에 따라서 글쓰기 구성이 달라질 수 있다. 글을 쓰기 전에 무턱대고 글을 쓰려고 하면 글쓰기가 잘 안될 뿐만 아니라 메시지 전달이 분명하지 않다. 따라서 글쓰기를 위해서는 구성을 하고 글쓰기를 시작하는 훈련을 기르는 것이 좋다.

먼저 칼럼을 쓸 경우에 완전한 제목이 아니어도 좋으니 제목(가제)을 설정해 놓은 후 서론(문제 제기), 본론(주요 내용, 해결 방안 등), 결론(메시지, 의미)으로 구성해 볼 수 있다. 칼럼이나 짧은 글은 이렇게 간단하게 구성을 하고 글쓰기 훈련을 하면 좋다.

책을 쓸 때는 프롤로그, 본문, 에필로그, 참고자료 형식으로 구성하여 목차를 잡는 구성을 해야 한다. 프롤로그는 책을 내는 배경과 문제 제기, 책의 주요 내용, 독자들에게 전하고 싶은 메시지 등을 담는다.

프롤로그는 본문에 들어가기에 앞서 독자들에게 책의 내용을 이해하는 데 도움을 준다. 책의 주요 내용을 압축하여 설명하거나 독자들이 알아야 할 지식과 정보를 제공한다. 본문은 좀더 구체적인 구성이 필요하다. 가령 1부, 2부, 3부로 구성하여 각 부의 주제를 정하고 그 주제에 맞는 글을 배치하는 것이다. 따라서 무작정 원고를 쓴 다음에 목차를 잡으려면 복잡하고 번거로운 과정을 거쳐야 하니까 목차를 잘 구성한 다음 글쓰기를 해야 한다. 본문이 끝난 후 보통 에필로그를 쓰는데 책의 결론과 같은 역할을 한다. 본문을 요약 정리하고 독자들에게 제시하고자 하는 메시지를 정리한다. 또한 글쓰기를 위해서 참고한 자료를 정리하여 첨부한다.

소설을 쓸 때에는 소설은 이야기가 중심이기 때문에 어떤 주제로 어떤 이야기를 쓸 것인지 구성해야 한다. 소설의 주제, 시공간 배경, 인물 설정, 사건 등 소설의 형식에 맞는 시놉시스를 구성하고 플롯을 짜야 한다. 요즘에는 문학의 형식을 파괴하는 소설이 있기는 하지만 기본을 충실히 잘 할 때 형식을 파괴하는 능력도 나온다고 본다. 소설쓰기를 위해 교육을 받아도 좋겠지만 국내문학, 세계문학 등 소설의 다양한 형식을 배울 수 있는 가장 좋은 방법은 소설을 많이 읽는 것이다. 소설을 많이 읽으면 자연스럽게 소설을 어떻게 써야 하는지 감이 잡힌다. 중요한 것은 내가 소설을 통해서 무엇을 이야기하고 싶은지 메시지를 분명하게 설정해야 한다.

요즘에는 에세이를 쓰고자 하는 사람들이 많이 늘어나고 있다. 어쩌면 가장 쉽게 쓸 수 있는 형식이 에세이일 수 있다. 산문이라고 일컬어지는 에세이는 내 생각과 경험을 알기 쉽게 풀어 쓴 글이다. 특별한 구성이 필요하지 않는 형식이 에세이다. 그러나 에세이를 쓸 때도 앞에서 이야기를 한 것처럼 구성이 필요한데 주제 설정, 주제에 따른 내용, 메시지 정도는 머릿속에서 구성하고 글쓰기를 해야 한다. 이 과정이 쉽지 않으면 주제, 내가 하고 싶은 이야기, 의미 등을 설정해 놓고 자유롭게 서술한 다음 퇴고를 하는 과정을 거치면서 글을 정리해 나가면 좋다.

    이와 같이 글쓰기를 하기 전에 구성을 해야 한다는 것을 설명했다. 글쓰기는 곧 집짓기와 같다. 집을 지을 때 기반을 잘 닦고, 골격을 잘 세우고 멋진 집을 완성해 나간다. 글도 마찬가지다. 글쓰기의 기반은 독서이다. 내가 쓰고자 하는 분야의 텍스트를 많이 읽어야 한다. 독서로 나의 글쓰기 토대를 잘 닦아 놓으면 글쓰기 기초력이 쌓인다. 글의 구성은 집의 골격을 세우는 것이다. 어떤 집을 지을 것인가에 따라 집의 설계와 골격이 다르다. 나의 글쓰기를 튼튼하게 하기 위해서는 기초공사인 독서는 필수이며, 독서를 바탕으로 글쓰기 설계도를 멋지게 만들 수 있다. 나만의 글쓰기의 매력은 내가 스스로 만들어 나가야 한다.

자기서사쓰기와 자서전 쓰기

자기서사쓰기와 자서전은 비슷한 개념이지만 약간의 차이가 있다. 자기서사쓰기는 개인의 경험과 이야기를 주로 비공식적이고 개인적인 방식으로 기록하는 것을 의미한다. 이는 주로 일기, 에세이, 블로그 포스트, 메모 등의 형태이다. 자기서사쓰기는 개인의 생각, 감정, 관찰, 일상 경험 등을 담아내어 자아의 표현과 개인적인 성장을 추구하는 목적을 가지고 있다. 주로 개인적인 호기심을 충족시키거나 자기 발견과 이해를 돕기 위해 사용된다.

자서전은 자신의 전기나 일생을 다루는 것을 의미한다. 자서전은 일련의 이벤트, 사건, 인물과의 만남, 성장의 과정 등을 포괄적으로 다루며, 개인의 인생 이야기를 통해 독자들에게 영감, 교훈, 사회적인 영향을 준다. 자서전은 비교적 정형화된 구조와 서사적인 요소를 갖춘다.

즉 자기서사쓰기는 비공식적이고 개인적인 방식으로 개인의 경험과 이야기를 기록하는 것을 의미하며, 자서전은 비교적 정형화된 구조와 서사적인 요소를 가지며 개인의 전기나 일생을 다룬다.

우리는 자기소개서 등 자기서사쓰기를 해야 할 때가 종종 있다. 자기서사쓰기를 어떻게 해야 할까. 앞에서 설명했듯이 자기서사쓰기는 개인의 경험, 감정, 성장 등을 주제로 삼아 자신의 이야기를 글로 풀어내는 글쓰기다. 자기서사쓰기는 자기 개발, 자아 탐색, 정서적인 치유 등을 목적으로 하며, 자신의 내면을 탐구하고 표현하는 과정을 포함한다.

자기서사쓰기를 함으로써 자아를 발견하고 이해하는 데 도움이 되며, 개인의 고유한 경험과 성장 과정을 다른 사람들과 공유함으로써 연결과 공감을 이끌어낼 수 있다. 이는 자기 인식과 자기 수용, 자기 성장에 도움을 주며, 자아의 강화와 향상을 위한 도구로 활용된다.

자기서사쓰기는 주관적이고 개인적인 주제이기 때문에 각자의 스타일과 목적에 맞게 다양한 형태로 구성된다. 자기서사를 쓰는 과정에서는 솔직하게 자신의 경험을 담고, 감정을 표현하며, 성장과 변화를 기록하는 등 자유로운 표현이 가능하다. 자기서사쓰기는 자아를 탐색하고 이해하는 과정에서 존재감과 목표를 확립하는 데 도움을 줄 뿐만 아니라 글쓰기 기술을 향상시키고 자신의 이야기를 더욱 효과적으로 전달할 수 있는 능력을 기를 수 있다.

자서전을 쓰기 위해서는 몇 가지 과정을 거쳐야 하는데 가장 먼저 해야 할 일은 내가 살아온 삶을 돌아보고 구체적인 이야기를 선정하여 스토리텔링을 구성하는 것이다. 자신의 삶을 돌아보고 중요한 사건이나 경험, 성장의 터닝 포인트 등을 되새겨보고 어떤 이야기를 담고 싶은지 어떤 주제와 메시지를 전달하고자 하는지 고민해야 한다.

자서전에서는 내 삶의 구체적인 이야기가 중요하다. 자신의 삶에서 특별한 순간이나 사건, 인물과의 만남 등을 선택하여 자세히 서술해보는 과정이 필요하다. 또한 자서전은 자신의 감정과 경험을 솔직하게 표현하는 글쓰기이다. 진솔한 감정을 담아내고 경험을 상세히 묘사함으로써 독자들에게 공감과 감동을 전달할 수 있다.

자서전은 일련의 사건과 이야기로 이루어진 작품이기 때문에 구성과 흐름을 기획해야 하다. 각 장의 주제와 순서, 전체 이야기의 흐름을 고려하여 구성을 잡고 이야기를 전개해 나가야 한다. 자서전을 쓴 후에는 독자의 입장에서 자서전을 읽어보면서 자신의 이야기가 다른 사람들에게 어떤 느낌을 주는지를 검토해야 한다. 독자의 피드백을 수용하고 반영하는 것도 방법이다.

좋은 글쓰기는 문장력에 있다

나의 생각을 문자 언어로 표현하는 것이 문장력이다. 글쓰기는 곧 문장력이라고 할 만큼 중요하다. 영화 〈흐르는 강물처럼〉을 보면 아버지가 아들에게 글쓰기 훈련을 하는 장면이 나온다. 아버지는 아들에게 글 분량을 계속 줄여 오라고 한다. 분량을 줄여나가는 글쓰기 훈련은 문장력 강화에도 도움이 된다. 결국 글쓰기는 내가 하고자 하는 말을 한 문장으로 압축하여 표현하는 능력을 기르는 과정이다.

공교육이 시작되는 초등학교 때부터 글쓰기 훈련을 강화하는 글쓰기 교육이 반드시 이루어져야 한다. 독서와 글쓰기는 공교육에서 가장 중요한 과정이다. 책읽기를 통해서 나의 생각을 다른 사람들에게 전달하고 나른 사람들과 토론을 하는 과정에서 다른 생각들에 대한 공감력을 길러야 한다. 초등학교 때부터 독서와 서평쓰기 훈련을 지속적으로 하면서 글쓰기에 대한 두려움을 없애고 더 좋은 글쓰기로 발전할 수 있는 역량이 생긴다.

문장력을 강화할 수 있는 가장 좋은 방법은 좋은 글을 많이 읽고 필사를 해보는 것이다. 이보다 더 좋은 훈련은 없다고 본다. 읽고 필사하고 글쓰기를 많이 해보는 것이 가장 좋다. 좋은 문장을 위해 몇 가지 조언을 하면 다음과 같다.

첫째, 주어와 술어가 맞아야 한다. 주술관계라고 하는데 주어와 술어가 맞지 않으면 문맥이 흐트러진다. 누가, 언제, 어디서, 무엇을, 어떻게, 했나. 육하원칙을 지키는 글쓰기 훈련을 해야 한다. 특히 보도기사를 작성할 때는 육하원칙을 지켜서 써야 한다.

둘째, 단문 쓰기를 해야 한다. 법조문을 보면 만연체가 많은데 문장을 읽다 보면 도무지 어떤 내용인지 알 수가 없다. 우리가 법조문을 읽을 이유가 많이 없지만 시험문제에서도 행간을 묻는 질문을 만들기 위해 장문, 만연체를 읽을 기회가 생긴다. 한 문장에는 하나의 메시지가 담겨야 한다.

셋째, 적확한 어휘를 써야 한다. 정확한 것과 적확한 것은 의미가 다르다. 정확하다는 것은 바르고 확실하다라는 의미이고, 적확하다는 것은 꼭 들어맞는다라는 의미다. 문장을 쓸 때 단어, 어휘를 선택해야 하는데 이때 적확한 단어, 어휘를 활용해야 한다. 결국 문장력은 단어, 어휘 싸움이다. 누가 더 좋은 어휘를 잘 구사하느냐에 달렸다.

넷째, 꾸미는 글을 절제해야 한다. 형용사, 부사를 많이 쓰면 글이 화려하게 보일 수 있지만 이런 글은 쉽게 질린다. 담백한 글을 쓰려고 노력하는 것을 제안한다.

다섯째, 어렵게 쓰지 말고 쉽게 써야 한다. 학문적인 연구 논문이라면 어렵게 쓰는 글이 가능하겠지만 대중적인 글쓰기는 중학생이 읽어도 이해가능하도록 쉽게 써야 한다. 어려운 글쓰기는 독자에게 감동을 주기는커녕 독서를 거부하게 만드는 부작용이 있다.

여섯째, 접속사를 많이 쓰지 않아야 한다. 접속사가 많아지면 만연체로 이어질 가능성이 높다. 문장과 문장을 이어주는 것은 접속사가 아니라 문장이어야 한다.

    이처럼 몇 가지 기초적인 글쓰기의 기본을 지키면 좋은 문장을 쓸 수 있다. 좋은 문장력을 위해서는 지속적인 글쓰기 훈련을 통해서 길러야 한다. 앞에서 이야기한 것처럼 좋은 글을 계속 읽고 메모하고 필사하는 과정에서 좋은 문장력을 쓸 수 있는 역량이 길러진다.

나로 출발하는
글쓰기

우리는 모두 한 권의 책이다. 언젠가 공공도서관이 주최한 '휴먼 라이브러리'라는 프로그램에 초청되어 참여한 적이 있다. 내가 가지고 있는 경험이 필요한 사람에게 공유하고 자문해 주는 역할이다. 도서관에 가서 책을 빌려보기도 하지만 사람으로부터 얻는 지혜도 필요하다.

〈백년의 고독〉을 쓴 가브리엘 가르시아 마르케스는 〈이야기하기 위해 살다〉라는 자서전을 썼다. 우리는 모두 내 이야기를 하기 위해 살고 있다. 우리는 모두 나만의 이야기를 가지고 있다. 사회생활을 하다 보면 사람들에게 나를 소개하는 일이 종종 있다. 아마도 죽을 때까지 나를 소개하면서 살아갈지도 모른다. 우리는 나를 이야기하면서 사는 것이다.

내가 이끈 글쓰기 수업 첫시간에 '나의 이야기 쓰기'를 한다. 나로 출발하는 글쓰기는 매우 중요하다. 내가 도서관에서 휴먼라이브러리를 해보니까 사람도 충분히 책이 될 수 있다는 것을 알 수 있었다. 그 사람이 갖고 있는 특별한 경험을 책으로 풀어낸다면 소설 못지 않은 이야기가 많이 나오겠다는 생각을 하게 됐다. 사람이 이름을 남기는 가장 가장 좋은 방법일 뿐만 아니라 값진 성취는 내가 쓴 책을 출판하는 것이라고 말하고 싶다.

책은 영원하다. 우리가 인생을 살면서 책 한 권이라도 꼭 써야 한다는 것을 강조하고 싶다. 그중 내 이야기를 쓰는 것은 필수적이다. 다른 사람의 이야기를 쓰는 것보다는 나의 이야기, 나로부터 시작하는 이야기를 쓰는 것이 글쓰기에 대한 소중함과 중요성을 스스로 터득하는 방법이다.

나로부터 시작한 글쓰기로 출발하여 내가 살았던 고향에 대한 이야기, 부모님 이야기, 할아버지 할머니 이야기, 가족들, 세상 이야기로 넓혀 나가는 것이다. 나로부터 시작하는 이야기를 통해 점차 확장해 나가는 글쓰기를 한다면 이야기 소재가 무궁무진하다.

나에 대한 이야기 쓰기는 왜 중요할까. 내가 누구인지를 잘 알아야 하기 때문이다. 내가 누구인지 잘 모르고 글쓰기를 잘 할 수 있을까? 글쓰기를 통해서 내가 그동안 살아왔던 삶을 반추하면서 반성과 성찰하는 과정을 통해서 성장한다. 나에 대한 이야기를 쓰다 보면 내가 잘못 알고 있는 부분들도 있고 나를 칭찬해 주고 싶은 경험도 있고 부끄러운 과거도 있다. 이 모든 것이 곧 나의 인생이다. 글쓰기를 통해 나의 인생을 사랑하고 앞으로 남은 시간을 의미 있게 살아가는 지혜를 얻을 수 있다.

나와 관련된 이야기는 모두 특별하다고 생각하면 내가 지금 살고 있는 시대는 그야말로 살아있는 역사이다. 우리가 역사에 대한 중요성을 많이 이야기하지만 나는 개인의 역사가 중요하다고 본다. 사람이 살아온 역사에 대해서 어떤 글쓴이가 주목해 주는 것은 매우 의미있다. 뉴스를 보면 유명한 사람들 중심으로 언론이 주목하고 보도가 된다. 그런데 내 주변의 이웃들을 보면 훌륭한 사람들이 너무 많다. 일상의 영웅들이다. 일상의 영웅들이 주목을 받지 못하는 이유는 뭘까. 언론이 주목을 하지 않는 이유도 있지만 다른 사람들에게 알릴 기회가 없기 때문이다. 유명하지 않다고 해서 역량이 떨어지는 것은 아니다. 오히려 진주처럼 많은 사람들 속에 숨어 있는 경우가 많다. 우리가 세상 이야기에 관심을 갖고 이웃에 대해서 관심을 가져야 할 이유이다.

일상의 영웅을 발견하는 역할을 지역에 있는 공공도서관이 할 수 있다고 본다. 우리는 모두 한 권의 책이라는 프로그램을 도서관에서 운영하고 지역주민들이 도서관에서 내 이야기를 쓰는 사례들이 많아지고 글을 서로 읽고 공감하는 시간을 가지면 어떨까.

하루에
한 문장씩

　글쓰기를 고민하는 사람들이 털어놓는 고민은 '무엇을 써야 할까요'라는 질문이다. 이 질문에 나는 내가 가장 잘 쓸 수 있는 주제부터 써보라고 조언한다. 그리고 내가 독자들에게 어떤 이야기로 메시지를 주고 싶은가를 생각해 보라고 이야기 해준다.

　주제가 정해지면 하루에 한 문장씩 쓰는 훈련을 하면 좋다. 한 문장씩 쓰다보면 나도 모르게 분량이 조금씩 늘어나게 된다. 하루에 한 문장이 쌓이고 쌓이면 한 권의 책이 된다.

주제를 정하는 것이 어렵다면 아침에 일어나서 생각나는 문장을 기록해 둔다. 잠자기 전에도 한 문장을 기록하고 이렇게 한 문장씩 매일 쓰는 것이다. 한 달 동안에 매일 쓰면 최소한 서른 문장이 나온다. 서른 문장을 가지고 이야기를 더해가면서 분량을 늘려나간다.

요즘에는 페이스북 등 SNS를 많이 하기 때문에 오며가며 한 문장 쓰기 훈련을 하기 좋다. 나만 볼 수 있도록 공개하지 않고 비공개로 해놓으면 페이스북 일기를 지속적으로 쓸 수 있다.

감사일기를 쓰시는 기업의 대표님이 계셨는데 감사일기를 스마트폰 메모장에 쓰고 나중에 감사일기를 모아 책을 내시는 사례도 있었다. 하루에 세 개의 감사한 내용을 쓰는 훈련을 하신 것이다. 일상에서 짧은 일기는 나의 삶을 정돈할 수 있고 나의 소중한 기록이며 역사가 된다.

오늘부터 하루에 한 문장씩 쓰는 훈련을 통해 글쓰기에 대한 자신감을 가져보길 희망한다. 우리 모두는 글쓰기의 주인이다.

글쓰기를
잘하기 위한 습관

                    글쓰기를 잘 하기 위해서는 몇 가지 핵심적인 접근 방법과 습관을 가지는 것이 필요하다.

    첫째, 계획과 구조를 잡는 것이다. 글의 주제와 목적을 명확히 이해하고, 핵심 아이디어와 주장을 잘 정리하여 구성 요소를 구체화하는 것이다. 목차나 아이디어 맵을 사용하여 글의 논리적인 흐름을 구성하는 것도 방법이다.

    둘째, 명확하고 간결한 표현이다. 글을 작성할 때는 명확하고 간결한 표현을 사용하는 것이 좋다. 복잡하고 어려운 어휘나 문장 구조보다는 이해하기 쉬운 용어와 명료한 문장을 사용하는 것이 좋으며, 필요한 정보를 정확하게 전달하고, 불필요한 반복이나 설명을 피하며, 간결하고 명확한 표현으로 독자들의 이해를 도울 수 있다.

셋째, 글쓰기를 할 때 예시와 구체적인 내용을 활용하면 좋다. 예시는 추상적인 개념이나 주장을 구체화하는데 도움이 된다. 구체적인 사례, 실생활 경험, 통계 데이터, 인용문 등을 사용하여 내용을 더욱 풍부하게 구성할 수 있다.

넷째, 글쓰기에서 문체와 스타일의 다양성은 중요한데, 다양한 작가들이나 장르의 작품을 읽고 분석하여 나만의 글쓰기 스타일과 기법을 얻는 과정이 있어야 한다.

다섯째, 글쓰기를 완성한 후에는 편집과 수정 과정을 거쳐야 한다. 작성한 글을 다시 검토하고 논리적인 결함, 문법 오류, 어색한 표현, 중복 등을 찾아 수정하는 과정을 거치는데, 글을 편집하면서 문장 구조를 다듬고, 단어 선택을 신중하게 하며, 필요한 부분을 보충하거나 삭제하여 글의 흐름과 일관성을 개선할 수 있다.

여섯째, 글쓰기를 잘 하기 위해서는 꾸준한 연습과 피드백을 받는 것이 중요하다. 다양한 주제와 형식으로 글쓰기를 시도해 보고 가족이나 친구들에게 피드백을 받거나 기회가 된다면 출판사 편집자의 조언을 받아보면서 자신의 글쓰기를 개선해나갈 수 있다. 글쓰기를 잘 하기 위해서는 시간과 노력을 지속적으로 투자해야 한다.

초고쓰기부터
퇴고하기까지

    주제를 정하고 글쓰기를 시작하면 초고를 쓴 후 퇴고하는 과정은 필수적이다. 퇴고는 글을 검토하고 수정하는 과정으로 글쓰기의 중요한 단계이다. 효과적인 퇴고를 위한 몇 가지 방법이 있다.

    시간적인 간격을 두고 퇴고하기. 글을 작성한 후 즉시 퇴고를 진행하는 것보다는 시간적인 간격을 두고 다시 읽어보는 것이 도움이 된다. 잠시 멀어져서 다시 돌아와서 글을 읽으면 객관적인 시선으로 퇴고할 수 있다.

구조와 흐름 확인하기. 글의 구조와 흐름을 확인하고 조정하는 것이 필요하다. 글의 시작과 끝, 단락 구성, 문단 간의 연결 등을 검토하여 글이 일관되고 명확한 구조를 가지고 있는지 확인해 본다. 필요한 경우 문단을 재배치하거나 문장을 수정하여 흐름을 개선한다.

문법과 맞춤법 점검하기. 문법적인 오류와 맞춤법 실수는 글을 읽는 독자에게 혼란을 줄 수 있다. 문법과 맞춤법을 점검하여 틀린 부분을 수정하고 문장 구조와 문법적인 규칙을 준수하도록 수정한다.

문체와 표현 방법 검토하기. 글의 문체와 표현 방법은 글의 분위기와 의도를 전달하는 데 영향을 준다. 퇴고 과정에서 문체를 고려하고 필요한 경우 문장을 다듬거나 단어를 교체하여 더 명확하고 효과적인 표현을 찾기 위해 노력해야 한다.

내용의 일관성과 논리성 확인하기. 글의 내용이 일관성을 유지하고 논리적인 흐름을 갖는지 확인해야 하는데, 각 문장과 단락이 서로 연결되고, 주제나 주장을 명확하게 전달하는지 검토해 본다. 필요한 경우 정보를 보완하거나 불필요한 반복을 제거한다.

독자의 시각에서 검토하기. 글을 작성할 때 독자의 입장을 고려하는 것이 중요하다. 퇴고 과정에서도 독자의 시각에서 글을 다시 읽어보고, 이해하기 쉽고 흥미로운지를 판단해 본다. 가족, 친구 등 독자들의 피드백을 통해 글을 개선할 수 있다.

다른 사람들에게 피드백을 요청하고 글을 검토해달라고 부탁하는 것도 효과적인 퇴고 방법이다. 신뢰할 수 있는 동료, 친구, 가족, 또는 전문적인 편집자 등에게 글을 보내고 피드백을 받아본다. 다른 사람의 시선과 의견을 듣고 글을 개선하는 데 도움을 받을 수 있다.

퇴고는 글을 더욱 완성도 있게 만들어주는 과정이며, 글의 품질과 명확성을 향상시킨다. 여러 차례 퇴고를 거치며 글을 다듬고 수정함으로써 더 좋은 글쓰기로 향상시킬 수 있다.

문화콘텐츠 시대의
글쓰기

    콘텐츠는 정보, 아이디어, 메시지 또는 어떤 형태의 커뮤니케이션 자료를 의미한다. 콘텐츠는 텍스트, 이미지, 동영상, 음악, 그래픽 등 다양한 형태로 제공될 수 있으며, 다양한 매체를 통해 전달될 수 있다.

    인터넷이 발전하면서 콘텐츠의 중요성은 더욱 커졌다. 웹사이트, 블로그, 소셜미디어, 동영상 플랫폼 등을 통해 많은 양의 콘텐츠가 제공되고 공유되고 있다. 이러한 콘텐츠는 정보 전달, 엔터테인먼트, 교육, 마케팅 등 다양한 목적을 가지고 있다. 글쓰기, 사진, 동영상 제작, 음악 작곡 등 다양한 형태의 창작 활동은 콘텐츠를 만들고 제공하는 과정에 속한다. 콘텐츠는 사회적, 문화적, 교육적인 영향력을 가지며, 정보를 전달하고, 아이디어를 공유하며, 사람들을 연결하는 역할을 한다.

글쓰기와 콘텐츠는 매우 밀접한 관련이 있으며, 글쓰기는 콘텐츠를 생성하고 제공하는 과정의 핵심 요소이다. 글쓰기는 콘텐츠를 생성하는 데 중요한 역할을 하는데, 글쓰기를 통해 텍스트 기반의 콘텐츠인 블로그 글, 기사, 리뷰, 소설 등을 작성할 수 있다. 또한 글쓰기는 동영상, 프리젠테이션, 웹사이트 등 다양한 형태의 콘텐츠를 구성하는 데에도 활용된다. 따라서 좋은 글쓰기는 콘텐츠를 흥미롭고 읽기 쉽게 만들며, 목적과 대상 독자에게 적합한 정보와 가치를 전달할 수 있다.

글쓰기는 콘텐츠를 표현하는 도구이다. 콘텐츠는 글로 작성되거나, 글과 함께 사용되는 이미지, 동영상, 그래픽 등의 다른 형식으로 구성될 수 있다. 글쓰기는 이러한 다양한 형식과 매체에 적합한 내용과 스타일을 선택하여 콘텐츠를 전달한다. 좋은 글쓰기는 콘텐츠의 가치와 영향력을 향상시킨다. 독자의 관심을 끌고, 콘텐츠의 메시지를 효과적으로 전달할 수 있으며, 글쓰기의 품질과 스타일은 콘텐츠의 인상과 영향력을 결정하는 요소이다.

　문화콘텐츠 시대에 문화를 표현하는 방식 중 글쓰기는 가장 매력적인 방법이다. 영상, 공연, 축제 등 다양한 문화콘텐츠의 소통 방식이 결국 글쓰기이기 때문이다. 따라서 문화콘텐츠 시대에 글쓰기는 더 중요해질 수밖에 없다.

책 출판하기

책은 인쇄물이나 전자 매체를 통해 정보, 이야기, 지식 등을 담는 미디어이다. 여러 장의 종이를 묶어서 제본한 형태로 사용되며, 책을 통해 사람들은 다양한 주제에 대한 정보를 얻거나 문학 작품을 즐길 수 있다.

책은 다양한 형태와 장르로 존재한다. 비문학은 실제 사건, 역사, 과학, 자기계발, 경제 등 다양한 분야의 지식을 전달하는 목적을 가지고 있다. 소설, 시, 극본 등과 같은 문학은 상상력과 이야기를 통해 독자들을 위로하거나 즐겁게 해준다. 그 밖에도 전문서적, 만화책, 그림책, 자서전 등 다양한 형태와 장르의 책들이 있다.

책은 지식을 전달하고 저장하는 도구로서 인류 역사에서 매우 중요한 역할을 해왔다. 책은 지식의 보고이며 문화를 발전시키고 교육활동의 중추로서 주목을 받는 매체이다. 책을 통하여 사람들이 세상의 다양한 경험을 공유하고, 지식을 확장하며, 상상력을 발전시키는 데 도움을 주고받는다.

좋은 책은 문화적인 가치와 영향력을 가지고 있다. 문학적인 미덕, 사회적인 문제의 인식, 사회 변화에 대한 인식 등을 독자들에게 전달하며 사회적인 영향을 준다. 대부분의 좋은 책들은 독자들에게 긍정적인 영향을 주는데 사고 방식, 감정, 인식, 지식, 문화적인 가치 등에 영향을 준다. 또한 독자들에게 새로운 시각을 제시하고, 감정적인 호소를 통해 공감과 연결을 형성하며, 지식을 확장시키고 공감을 주는 역할을 한다. 책은 사람들이 세상을 이해하고 사고하는 데 도움을 주며, 개인과 사회의 변화와 성장에 긍정적인 영향을 준다.

내 경험상 첫 책을 냈을 때 기억을 떠올려보면 설렘도 있었지만 두려움도 있었다. 세상 사람들에게 내가 쓴 글을 공개적으로 보여주는 것에 대한 어떤 부담감을 느꼈기 때문이다. 과연 내가 책을 낼 수 있을까. 책을 낼 자격이 될까. 내가 책을 잘 쓸 수 있을까. 여러 가지 생각들이 교차했다. 그런데 첫 책을 출판하고 나니까 두 번째 세 번째 책은 부담감이 덜하고 책을 쓰는데 자신감이 생긴다.

책을 출간한 경험이 있는 사람은 앞으로 어떤 책을 써야겠다는 아이템들이 계속 떠오른다. 한 권에 모든 내용을 담을 수 없기 때문에 책을 마무리 하고 나면 다음에는 어떤 주제로 책을 써야 하는지 계획을 세울 수 있다. 내가 쓴 책들을 누군가 읽고 있다. 책을 낸다는 것은 내가 하고 싶은 말을 누군가에게 한다는 것, 이런 동기가 책을 지속적으로 출판하게 하는 동기가 된다.

아직 책을 내지 않은 예비저자들은 어떤 책을 내야 할지, 책을 어떻게 써야 할지 많이 궁금해 할 것 같다. 첫 책에 대한 부담을 갖는 건 어쩌면 당연하다. 책을 쓴 저자뿐만 아니라 책을 읽는 독자까지 생각한다면 내가 쓰는 책이 우리 사회에 긍정적인 영향을 주는 책이면 더 의미가 있다.

출판은 저작물을 인쇄물이나 전자 매체로 제작하여 대중에게 배포하는 과정을 말한다. 이는 책, 잡지, 신문, 웹사이트, 전자책 등 다양한 형태의 출판물을 포괄한다. 출판은 작가나 저작권 소유자가 작품을 대중에게 알리고 공유할 수 있는 기회를 제공한다. 저자가 원고를 완성하여 출판사에 넘기면 출판의 과정을 거친다. 출판 과정은 보통 다음과 같은 단계로 이루어진다.

첫째, 편집자는 원고 내용을 검토하고, 편집체제를 수정보완한다. 이 과정에서 문법, 맞춤법, 논리 등을 검토하여 원고의 품질을 향상시킨다.

둘째, 원고를 디자인한다. 책의 표지, 내용 페이지, 그래픽 등을 구성하여 시각적으로 매력적인 출판물을 만든다.

셋째, 디자인된 교정지를 저자와 출판사에서 교정, 교열을 본다. 보통 삼교까지 보는데, 원고의 내용과 분량에 따라서 교정의 횟수가 늘어나기도 한다.

넷째, 교정이 완료된 편집저작물을 인쇄하거나 전자 매체로 제작한다.

다섯째, 제작된 출판물을 독자에게 배포한다. 오프라인 서점에서 판매하거나 온라인 서점을 통해 판매하며, 도서관에 공급하는 등 다양한 방식으로 이루어진다. 전자책은 인터넷을 통해 다운로드하거나 전자 장치를 통해 이용될 수 있다.

출판은 원고를 쓴 저자의 작품을 대중과 공유하는 과정으로 문화적인 다양성과 지식의 확산에 기여하며 사회적으로 중요한 역할을 한다.

책 출판하는 데 있어서 몇 가지 고려해야 할 사항들이 있다.

첫째, 내가 가장 잘 쓸 수 있는 주제를 선택하는 것이 좋다. 내가 관심이 있는 주제가 무엇인지 생각해 보고 목록을 작성해 보면서 가장 먼저 책을 쓸 주제부터 순서를 정해 출간 일정을 확인한다.

둘째, 주제가 정해지면 관련 자료를 모아야 한다. 도서관에 가서 자료를 목록화하여 내가 쓰고자 하는 주제에 대하여 어떤 책들이 출간되었는지 검토를 해야 하다.

셋째, 선행자료 읽으면서 정리를 해두어야 한다. 내가 관심이 있는 주제에 대해서 저자들은 어떻게 책을 썼는지 읽으면서 저자, 주요 목차, 주요 메시지, 내용의 특징, 발행일을 정리해두면 내가 어떤 방향으로 써야 할지 도움이 된다.

넷째, 차별화된 주제를 정하자. 선행자료를 읽으면서 해당 주제에 대해서 나는 어떤 방향으로 차별화하여 쓸 것인지를 결정해야 한다. 차별화된 주제를 정할 때는 주위 사람들에게 조언을 듣는 것도 좋다.

다섯째, 책의 메시지를 정해야 한다. 내가 쓰고자 하는 주제를 정한 다음 선행자료를 읽고 차별화된 방향을 찾았으면 책의 메시지를 정해야 한다. 책의 메시지는 원고를 쓸 때도 일관성을 줄 수 있는 기준이 된다.

여섯째, 한 권의 책에 모든 것을 담으려고 하지 않아도 된다. 주제를 정하여 책을 쓸 때 한 권에 모든 내용을 담으려고 원고 분량을 늘려나가다가 출간 시기를 놓치고 결국 아이템을 다른 저자에게 뺏길 때도 있다. 출간 타이밍이 중요한 주제들이 있다. 타이밍이 중요한 책은 책의 내용적 측면을 충실하게 담아야 하겠지만 너무 욕심을 부려서 출간이 늦어지면 책을 쓰는 저자도 지치게 된다. 이번에 놓친 부분은 다음 개정판에 포함한다든지 다른 주제를 다루면서 보완할 수 있다.

일곱째, 원고를 완성하여 출판사에 원고를 넘기면 출판사 편집자에게 일임하는 것이 좋다. 편집자도 저자로부터 원고를 받으면 내가 만든 책이라는 책임이 있기 때문에 저자와 같이 책 출간에 대한 열정을 갖기 마련이다. 편집자가 책 출간을 진행하면서 교정교열, 표지 디자인, 책 제목 등 관련하여 저자의 의견을 묻게 되는데 저자로서 의견을 전달해 주면 된다. 저자와 편집자는 상하관계가 아닌 파트너 관계이다. 서로 존중하는 마음으로 좋은 책을 내는데 협력해야 한다.

여덟째, 내 책이 베스트셀러가 된다는 환상을 버리자. 책을 쓴 저자들은 내 책을 많은 사람들이 읽어주기를 바란다. 당연한 마음이다. 그러나 현실적으로 베스트셀러가 되기 위해서는 여러 요건들이 맞아야 함으로 실제 베스트셀러가 되기란 쉽지 않다. 과거에는 주요 일간지에 서평이 나면 판매로 이어지기도 했지만 신문을 읽지 않는 시대가 되면서 신문 서평은 책 판매에 큰 효과가 없다. 언론서평은 책이 출간되었다는 것을 알리는 기록적인 측면에서 의미가 있다.

아홉째, 이번 책이 출간된 이후에 다음에는 어떤 책을 써야 할지 계획을 세우고 보완하는 시간을 갖는 것이 좋다.

열 번째, 책을 출간하는 저자는 공인이다. 전문서를 쓰면 전문가로 인정을 받기도 한다. 소설책을 내면 소설가로 데뷔하는 것과 같다. 출간된 책은 우리 사회에 크고 작은 사회적 기여를 한다. 책을 출간한 저자이기 때문에 공인으로서 태도를 지녀야 한다.

 열한 번째, 글쓰기 앞에서 겸손한 마음이 필요하다. 좋은 글쓰기를 하려는 노력과 시간 속에서 성장하는 나 자신을 발견하기를 바란다. 그렇게 조금씩 내가 만든 세계가 탄생하고 존재하는 것이다.

에필로그

오늘도 내일도,
글쓰기를 통해 우리 삶을 회복하기

산책을 하면서 자연에 대한 위대함을 느끼게 된다. 이름 있는 나무들과 이름 없는 풀들이 무성하게 자란 오솔길을 걷다 보면 생명의 시작은 어디에서부터 오는 것일까를 생각한다. 자연에서도 그들만의 언어가 있어서 소통하고 연결되어 공존한다.

'생태적 글쓰기'에 대한 관점은 자연 속에서 살아온 나의 존재를 생각하며 시작하게 되었고, 책문화생태계 담론을 연구하면서 생각의 이어짐이 진행되었다. 숲길을 걸을 때 숲 안에 있는 생명체 각각을 바라보는 시각도 필요하고, 숲 전체를 조망하는 관점도 필요하다. 생태적 글쓰기는 우리가 세상을 살아가면서 만나는 다양한 현상에 대해서 다각적으로 보고, 유기적인 관계를 살피며 통합적인 시각으로 나만의 해석이나 해결점을 찾는 과정이다.

하이데거는 '언어는 존재의 집'이라고 했다. 언어가 없다면 존재할 수 없다. 인간은 언어를 통해 말을 하고 글을 쓰며 세상과 소통한다. 언어를 통해 나의 존재성을 드러내고 부각시킨다. 우리는 모두 내 안에 많은 이야기를 가지고 있다. 살아온 세월만큼 이야기는 더 많아질 것이다. 그 이야기를 말과 글로 표현하고 나의 존재성을 표출한다. 존재한다는 건 생명에 대한 의지를 보여주는 것이다. 그동안 글을 읽고 책을 쓴 저자로서 든 생각은 우리가 생명력 있는 언어를 사용할 때 우리 삶을 회복할 수 있고 사람들과 긍정의 힘을 나눌 수 있다는 것이다.

생태적 글쓰기라는 주제를 통해서 글쓰기에 대한 본질적인 고민과 이해를 독자들과 함께 나누고 싶었다. 이를 통해 나만의 효과적인 글쓰기를 하는 힘과 자신감을 찾아가길 기대한다. 사실 글쓰기의 비법이나 왕도는 특별한 게 없다. 책을 많이 읽고 다른 사람들과 독서 경험을 나누고 나의 생각과 관점을 글로 많이 써보는 방법밖에 없다.

무엇보다 그동안 다른 사람들이 쓴 글을 읽기도 하고 나도 글을 쓰면서 든 생각은 먼저 '인간이 되어야 한다'는 것이다. 글쓰기로 사람을 해치는 것이 목적이라면, 그러한 글쓰기가 얼마나 생명력 있고 의미가 있을 것인가. 좋은 글쓰기란 나를 성장시키며, 사회에 좋은 영향력을 주고, 인류 사회에 기여하는 것이다.

책을 마무리 하면서 부족한 부분이 있지만 추후 글쓰기의 연장선으로 보고 과제로 남겨 두고자 한다.

오늘도 내일도, 글쓰기로 우리 삶을 회복하기를 바라며.

책문화교양 014

생태적 글쓰기를 하는 마음
나와 세상을 연결하고 공감력을 키우는 글쓰기로 우리 삶을 회복하기

1판 1쇄 인쇄 | 2023년 6월 10일
1판 1쇄 발행 | 2023년 6월 19일

지은이 | 정윤희
편집 | 윤재연
표지 및 본문디자인 | 김미영
발 행 처 | PARK & JEONG
(PARK & JEONG은 책문화네트워크(주)의 단행본 브랜드입니다.)

출판신고번호 | 제2022-000069호 (신고연월일 | 2009년 5월 4일)
주소 | 서울특별시 용산구 독서당로 46(한남동, 한남아이파크) 비106-109호
전화 | 02-313-3063
팩스 | 02-3443-3064
이메일 | prnkorea1@naver.com
홈페이지 | www.prnkorea.kr

ISBN 979-11-92663-14-2 04020
ISBN SET 978-89-98204-56-3 04020
값 15,000원

● 이 책은 저작권법에 보호받는 저작물이므로 무단 전제와 무단 복제를 금합니다.